国際機構論入門

山田哲也 [著] Tetsuya YAMADA

第**2**版

Introduction to International Organization

東京大学出版会

Introduction to International Organization
[2nd Edition]
Tetsuya YAMADA
University of Tokyo Press, 2023
ISBN 978-4-13-032236-2

はしがき

　本書は，国際機構論に初めて触れる人を念頭に置いた書物である。本書では，国際機構論を，国際社会が組織化した過程（プロセス）を検討することで，現代の国際社会の姿をより正確に理解するための一連の学問的考察と捉えている。国際政治学や国際関係論，あるいは国際法についての概論的な知識を持っている読者に，それらの分野の応用編として国際機構について重点的に学ぶ契機を提供したい。ただし，第Ⅰ部と第Ⅱ部は国際政治・国際関係関連の入門的科目で扱われるであろう事項についても触れるよう心がけつつ，国際社会の組織化に特化した内容とした。これに対して，第Ⅲ部では，国際機構に関する理論的検討，さらに日本の歴史との関わりを扱った。

　国際機構がどのような組織体であるかについては，序章の最初の部分で定義を示しているが，その中でも「特定の目的の達成のために国家が設立する」という部分はポイントである。したがって国際機構を論じる際に，個別の国際機構の活動を詳細に紹介することも可能であり，日本では国際連合（国連）を中心に個別具体的な国際機構の活動を紹介することが多い。本書ではむしろ国際社会の「組織化」という現象そのものに関心を置き，組織化を通じた国際社会の変容という観点から国際機構を考えた。また，そのような動きを支えた特定の個人や集団にも焦点を合わせて，組織化の背景にある歴史的・思想的な基盤を考える構成としている。

　国際機構に限らず国際社会の組織化は国家によって推進されたとはいえ，その背景には個人の叡智や思い入れが存在し，必要と必然の結果として具体的な姿となる。しかし個人が常に正しい判断をす

るとは限らない。誤った判断が組織化を阻むこともあれば，逆に前進させることもある。特に 2019 年からの新型コロナウイルス感染症（COVID-19）の世界的大流行や 2022 年 2 月に発生したロシアのウクライナ侵攻を受け，国際社会は世界保健機関（WHO）や国際連合（国連）の意義と限界を目の当たりにした。WHO や国連の限界は特別なものなのか，それとも国際機構が一般に抱える限界なのだろうか。この点も本書の隠されたテーマである。

　改訂にあたり，章の構成を変更するとともに，新たな章を加えたり，内容を全面的に改めた章もある。また，新たに資料として，現在の国連の加盟国一覧を加盟年と共に載せた。20 世紀後半の国際社会が急速に変化を遂げたことを確認した上で，今日，「グローバル・サウス」などと呼ばれる諸国がどのように形成されるようになったかという点にも注意を払って頂ければ幸いである。

　各章の冒頭には **本章のポイント** として，何を学ぶ章かを明記した。本書を教科書とする場合，最低でもその部分に目を通してから講義に臨んでほしい。

　いずれにせよ，本書を通じて，国際機構について何かしらの理解を深めてもらえれば幸いである。

目　次

第III部 国際機構をどのように考えるか

《凡　例》

① 煩雑を避けるため，外国人名の原綴は省略した。

② 引用文中の「……」は省略箇所を示した。

③ 引用文献のうち，邦語訳があるものについては，邦語訳を参照した。

④ 国際連盟（聯盟）の表記については，国際連盟規約の本文を引用す
　る場合は「聯盟」とし，それ以外では「連盟」とした。

序章 ── 国際機構と国際機構論

本章で学ぶこと

1 国際機構とは何か
2 主要な国際機構と類型化
3 国際機構論の揺らぎ──本書の立場と射程

本章のポイント

ここでは本書で扱う国際機構の定義と分類，国際機構論と呼ばれる学問分野の具体的な内容の多様性と，本書の視座について簡単に触れる。いわば，国際機構について考えるための「入り口」にあたる。国際機構の定義と分類については，通説的な理解に基づいているが，国際機構「論」については視点によって多少の幅がある。

1 国際機構とは何か

　国際機構論とは，文字通り，国際機構について考えを巡らせてさまざまに議論する学問分野である。**国際機構（国際組織）** とは，international organization の訳語であり，次のような特徴を備えた**国際的な組織体**を指すことが多い。

　　① 国際機構は，複数国家の間で**条約（設立基本文書）** によって設立される。

② 国際機構には，国際社会で達成すべき**一定の目標や果たすべき機能**が与えられている。

③ 国際機構は，**加盟国から独立した組織体**である。

④ 国際機構は，独自の**国際法人格（国際法主体性）**を持つ。

　以上が，伝統的な定義であるが，内部の組織構造については，次の点を付け加えることもできる。

⑤多くの場合，国際機構には，すべての加盟国によって構成される**総会**，加盟国の一部によって構成され，特定の任務を行う**理事会**，加盟国政府から独立した国際的な職員（国際公務員）によって組織される**事務局**が存在する。ただし，具体的な名称はそれぞれの国際機構によって異なる。

　このような国際機構の定義は，第一次世界大戦の講和条約であるベルサイユ条約（1919 年）を通して設立された国際連盟や国際労働機関（ILO），さらには第二次世界大戦後の国際秩序を形成するために設立された国際連合（国連）を分析する際に，第二次世界大戦後の国際法学者が中心となって作り上げた定義であり，これらの設立に関与した人々が，予め意図したものではない。しかし，そもそものinternational organizationとは，「国際社会が組織化していく過程」という意味を持っており，当初は，そのような意味で使われることの方が多かった［小寺 1996：4-5］。そもそも，ここでいう「国際社会」とは何であるのか。詳細は第 1 章で論じるが，欧米圏を中心に，一般的には，三十年戦争を終結させたウエストファリア（ヴェストファーレン）条約（オスナブリュック条約とミュンスター条約の総称）を契機に，18 世紀を通じて形成された西ヨーロッパ国際体系が，国際社会の原点とされる。この点は，国際政治学や国際法学での認

識と共通である。西ヨーロッパ国際体系は，国境によって区切られた領域を有する国家が対内的・対外的に主権を有し，互いに平等で他国に干渉せず，同盟を通じて自らの安全を確保する，という基本構造を有する。そのような体制において，諸国家が一定の目的のために相互に協力関係を築くということは自明のことではない。このような国際社会が「組織化」を目指すようになるのは，1814 年から 15 年にかけてのウィーン会議であり，その後のヨーロッパ国際秩序は，ウィーン体制ともヨーロッパ協調（Concert of Europe）とも呼ばれ，それが組織化の原点とされることが多い［Brierly 1928：198, Reinalda 2009：17-27］。18 世紀に比べると比較的に平和だった 19 世紀のヨーロッパにおいて，国際社会の組織化の萌芽と呼べる動きがみられるようになった。

　また 19 世紀は，イギリスやフランスなどがアジアやアフリカの植民地支配を推し進めた帝国主義の時代でもある。19 世紀半ばになると，ここにアメリカが加わり，中国（清）や日本といった東アジアにも進出してくる。このような時代に「国際社会が組織化していく過程」の端緒があり，それが今日の国際社会を考える上でも意味を持つ，とはどういうことなのだろうか。この点は，本書全体に通底する問題意識である。

　国際機構の定義は，戦間期から戦後初期の国際法学（者）によって形成されたものであり，条約上の定義は存在せず，唯一，「条約法に関するウィーン条約」が第 2 条（i）で「『国際機関*)』とは政府間機関をいう」と規定しているに留まる。この点は，未発効である「国家及び国際機関または国際機関相互で締結される条約に関す

---

*) 国際機構（国際組織）は international organization の訳語であるが，外務省や新聞などでは一般に「国際機関」と訳される。しかし，上に示した定義に当てはまらないものも新聞などでは国際機関と呼ばれることもあるので，条約の公定訳など外務省の訳語として「国際機関」が使われる場合を除き，本書では国際機構に統一する。

るウィーン条約（国際機関締結条約法条約）」も同様である。また，2011 年に国連国際法委員会（ILC）で採択された「国際機関国際責任条約草案」においては，第 2 条（a）において「国際機関とは，条約または国際法によって規律される他の文書によって設立され，自ら国際法人格を持つものをいう」と学説上の定義に接近しているが，同項はこの条約の対象となる国際機構を限定することが目的であって，国際機構を一般的に定義する趣旨ではない。

　国際機構は国家間関係の産物であり，各国際機構が所期の目的・役割・機能を果たせるか否かも，その時代の国家間関係の影響を受ける。いいかえれば，国際機構は国家を中心とする国際秩序の産物として生まれ，その国際秩序と相互に影響を及ぼし合う関係なのである。国際機構が加盟国から独立した組織体であるにせよ，主権国家と同等・同格の存在であるというわけではない。欧州連合（EU）のような地域統合を目指す組織体はともかく，ほとんどの国際機構は主権国家体制の存在を前提としている。

　その一方で，国際機構が国家によって設立されることや，国際機構の主要な会議体（とりわけ最高意思決定機関とされる総会）が国家間の会議であることは，国際機構が単に主権国家体制の中で完結していることを意味しない。主権国家以外で国際機構に影響力を持つものとしてまず思いつくのが各種の**非政府団体（NGO）**[*]である。歴史的には NGO の政策提言が主権国家を動かし，その結果として国際機構が設立されたこともあったし，例えば難民キャンプの運営や開発援助の現場では NGO が国際機構のいわば「下請け」として活

---

[*]　なお，国連憲章 71 条の日本語公定訳は，non-governmental organization を「民間団体」と訳出している。NGO をいかに定義するかは国際機構の定義以上の困難さを伴う（政府が設立したわけではない組織体であれば，すべて NGO，ということになるが，そうなると組織的犯罪者集団も NGO だ，ということになってしまう）。本書では，NGO とは何か，という問題には深く立ち入ることはせず，国際社会の何らかの利益になると自らが信じる活動を行う組織体，といった程度で捉えることにする。

動している。また国際機構の各種会合に NGO がオブザーバーとして出席し，発言を許されることは日常化しているし，国際機構が主催する特別の国際会議でも会議のテーマに特化した活動を行っている NGO がさまざまな形で関与し，会議の動向や結論に影響を与えることもある。さらに，技術的な分野ではむしろ NGO（あるいは多国籍企業や企業間の連合）の役割が大きい。

　また個人も国際機構において，重要な役割を果たす。特定の政治家や外交官が国際機構の設立に影響を及ぼすことは歴史的事実である。事務局の構成要素である**国際公務員**も究極的には個人として国際機構の運営を左右する（職位が高くなればなるほど影響力が増すのは，国内の企業や官公庁と同様である）。**国際通貨基金**（IMF）や**国際復興開発銀行**（IBRD。一般には**世界銀行**〔World Bank〕）のような国際金融機関では，理事会が国家代表ではなく個人的資格の理事によって構成されている。なお，名称はさまざまであるが「専門家委員会」のような，個人や企業の代表者によって構成される会議体を有する国際機構も多数存在する。さらに紛争解決の場面では，仮に「調停官」や「国連事務総長特別代表」といった公的資格で活動する場合でも，究極的には任命された個人や企業の代表者の資質や能力が任務の成否を左右し，国際機構の目的達成に大きな影響を及ぼしている。国際機構が主権国家（体制）だけのものではない，という状況をどのように理解すればよいかは，第 3 章で詳しく検討することにし，とりあえずここでは，NGO や個人も国際機構と深い関わりがある，ということだけ指摘しておく。

2　主要な国際機構と類型化

　現在，国際機構がいくつあるのか，正確な数は分からないものの，およそ 300 とされる（第 3 章の［図 3-6］参照）。その規模も，国連の

ように世界のほぼすべての国（2023年現在193カ国）が加盟している国際機構もあれば，1995年3月に日本・韓国・アメリカの合意で発足し2005年11月に清算された，朝鮮半島エネルギー開発機構（KEDO）のような小規模なものまである。

　国際機構論では，国際機構を分析するにあたり，一定の基準で国際機構を予め分類することが多い。ここでは，日本で比較的一般的とされる分類を紹介しておく。まず，与えられた任務が，**(a) 一般的（政治的）か，専門的・技術的か**，である。次に加盟国の規模が，**(b) 普遍的（世界規模）か地域的（限定的）か**，である［渡部 1997：96-101］。この分類に従えば，国際機構は［表序-1］のようになる。ただし，加盟国の規模が「地域的（限定的)」という場合，特定の地域に属する国だけが加盟できるものと，特定の地域の問題を解決するために域外諸国も加盟できるものの双方が含まれる。つまり，地域的国際機構が常に地理的なかたまりによって設立されるわけではなく，表中の点線はそれらを区別している。国際機構の類型化は，あくまでも国際機構の多様性を説明するための便宜的なものであり，固定的なものではない。

　ただし，この類型化にはいくつか問題もある。一つは，普遍的かつ一般的国際機構における国連（あるいは国際連盟）の唯一性・特殊性が際立つことである。確かに，世界のほぼすべての主権国家が加盟し，総会を中心にあらゆる問題が扱われている現実から，ある種の「国連特殊論」を導出し，そこにだけ焦点を絞った研究（国連研究）にはそれなりに意味がある。しかし，緒方は，国際機構研究の中に国連研究と呼ばれる分野があることを認めつつ，少なくとも当時の国連が「現実には余りうまく相互調整されていない個別機能の集合という観を呈しており，……国連研究という場合でもその内容は，各機関に関する個別論文の集合という場合が多い」［緒方 1982：27］と批判的にコメントする。この点は，今日でも同じである。ブルに

表序-1　国際機構の分類例

	普遍的	地域的
一般的	〔国際連盟〕 国際連合（国連）	欧州連合（EU） 東南アジア諸国連合（ASEAN） 米州機構（OAS） アフリカ連合（AU） イスラム会議機構（OIC）
専門的・技術的	国連の専門機関（48頁参照） 国際原子力機関（IAEA） 国際移住機関（IOM） 国際深海底機関（IBA） 化学兵器禁止機関（OPCW） 世界貿易機関（WTO）	西アフリカ経済共同体（ECOWAS） アジア・アフリカ法律諮問機関（AALCO） ・・・・・・・・・・・・・・・・・・・・・・・・・ アジア開発銀行（ADB） 欧州復興開発銀行（EBRD） 米州開発銀行（IDB） アフリカ開発銀行（AfDB）

〔出典〕〔渡部 1997〕を基に筆者作成

よっても「国際連合は，その生み出す文書の厖大さもあって，過度
に研究の対象とされてきたために，より根本的な国際秩序の淵源の
問題から，学問的な関心をそらせる傾向があるという見方もある」
〔ブル 2000：xxii〕（ルビ筆者）として，国連研究のみが国際機構論で
もないし，国連だけを通じて，国際社会を理解できるわけでもない
ことが批判的に指摘されている。とはいえ，国際社会全体の秩序形
成という観点からは，国際連盟・国連を中心に考える必要があるこ
とは否定できないだろう。

　また，普遍的かつ専門的・技術的な国際機構についても同様のこ
とがいえる。ここに含まれるものの一部は，19世紀に設立された**国
際行政連合**に由来している。国際行政連合のすべてがこのカテゴリ
ーに移行したというのであれば，それは国際行政連合からの「進
化」として一括りに論じることもできよう。しかし，実際には現在
でも国際行政連合に分類できる組織体は存在する。また，国際連盟

時代，国際連盟の内部で行われていた技術的支援活動が，第二次世界大戦後になって国連の専門機関として独立したり，国連を通じて新たに設立されたりしたものもあり，これらの歴史的変容はこの分類から読み取れない。また，「専門的・技術的」という括り方をすることで，これらの国際機構が非政治的で中立なイメージにつながるという問題もある。果たして専門的・技術的国際機構が非政治的であるのか。また，この点は国連も含めた国際機構が中立であるのか，という問題にもつながる。

　さらに，一般的（政治的）かつ地域的（限定的）な国際機構についても，問題は存在する。［表序-1］に挙げたように，EUをここに分類すると，それ以外の一般的・地域的国際機構やその他の会議体を検討する際に，どうしてもヨーロッパが引照基準となり，地域ごとの特殊性が捨象されかねない，ということである。この表では割愛したが，ヨーロッパには複数の地域的国際機構が存在する。とりあえずここでは類型化論があくまでも静態的で便宜的なものである一方，国際機構の設立と発展は極めて動態的なものであることを意識する必要があるということを指摘しておきたい。

3　国際機構論の揺らぎ──本書の立場と射程

　すでに述べた通り，今日の国際機構の源流は，ウエストファリア条約を起源とするヨーロッパ国際秩序に求められ，その形成・発展と同時に進行した。それは，近代になるにつれ，分散していた国内諸権力や軍事力が中央政府（国王）の手に集中化（集権化）することで徐々に形成された。しかし，政治権力が国境によって分断されたとしても，それによって経済活動までもが国境内で完結していたわけでも，完結するようになったわけでもない。むしろ，人も物も資金も国境を越えて相互に往来してきたし，それは主権国家体系が完

成した後でも同じである。ヨーロッパの人々は，紀元前から，アジアやメソポタミアの人々とシルクロードを通じて交易していたし，北アフリカとも地中海をはさんでさまざまな交流があった。国境という制度が後から導入され，出入国管理のような制度で人々の行動に制限を加えたとイメージするほうが正しい。

さらに，ヨーロッパ域内はもとより，他の大陸への植民地獲得を伴う交易関係の拡大は 15 世紀以前から存在したし，その後も 19 世紀に至るまで帝国主義／植民地主義の名の下で世界貿易は拡大し続けた。この世界規模での交流拡大には当然のことながら負の側面もあり，ヨーロッパに梅毒がもたらされたのはコロンブスの艦隊が持ち帰ったからだという説にもあるように，伝染病（感染症）の伝播や，異なる通商ルールや異なる通貨圏における交易条件の整備など，単独の国家のみでは解決できない，あるいは，そもそも複数の国家の協力を前提としなければ解決できない問題は中世（あるいはそれ以前）から存在した。

そのような歴史を踏まえ，ヨーロッパ諸国は戦争とその講和会議によって諸国間の懸案を処理するのではなく，平時の会議（**コングレスまたはコンファレンスと呼ばれる**）を通じて懸案を処理する方法を徐々に編み出し，その定着を通して，国際社会の組織化を進展させてきた。それが，1814 年を国際社会の組織化現象の起点とする視点につながっている。これに対し，日本においては，伝統的に国際法学が国際機構の組織と権限を分析するという方法で国際機構論の主流を担ってきたこともあり，国際機構論と国際組織法学とが同義に用いられることが多い。他方で，国際組織法学を国際法学の一分野とみなしつつ，国際機構論を国際政治学に比重を置いた視角と捉える立場もあるし［植木 1998：336］，従来，国際行政学が担ってきた国際機構の内部管理の問題が国際機構論の課題になってきたという指摘もある［城山 2013：4］。その他にも，国連を中心とした国際機

構の具体的活動に着目するアプローチや，国際政治学の立場から制度・規範・ルールの重要性に着目する**（国際）レジーム論**，**構成主義（コンストラクティビズム）**，**（グローバル・）ガバナンス論**，などの研究もある。

　他方，日本で国際機構を考える際，国連を中心に，すなわち 1945 年を起点とし，国際機構全般を過度に理想視する傾向もある［渡部・望月 2015：19-20］。これは，第二次世界大戦の前と後の日本には断絶があるという議論と親和性を持つ。また，冷戦期の日本では国連を通じた集団安全保障（本書第 4 章）への期待が，日米安保体制という現実と対置される形で半ば理想視されていた［山田哲也 2014］。そのような立場は冷戦終結直後に，世界規模で修正を迫られることになるが，いずれにせよ日本の国際機構研究は，国連にせよ，ヨーロッパ統合研究（EU 研究，といってもよい）においても，現実や現状の記述を中心としていた側面があることは否めない。

　ところで，ヨーロッパにおいては中世から戦争防止のための「連邦化」構想が存在した。しかし，近代になり国民あるいは民族（nation）という意識が国家統合の中核的概念になると，「連邦化」構想は国民意識（nationalism）に強く左右されるようになる。そして自らの国益（national interest）の極大化のためには何が必要かの方が，「国際社会の利益」を抽象的に議論するよりはるかに現実的な政策課題となる。「国際社会の利益」が擬制（フィクション）に過ぎないのかという点はともかく，例えば少なくとも 2015 年の国民投票の結果を受けたイギリスの EU 離脱決定は，EU がイギリスの主権を過度に浸食しているという国民意識と，それによってイギリスの国益が失われている，という判断の現れである。これに対し，度重なる制裁決議の採択にもかかわらず，北朝鮮は国連から脱退しないし，他の加盟国も北朝鮮の除名を提案したりしていない。2022 年 2 月のロシアによるウクライナ侵略は，さまざまな意味で国連憲章（体

制）に対する重大な挑戦であるが，手続き的な限界はともかく，ロシアは国連から脱退しないし，他の加盟国もロシアを除名しようとはしていない。

　これらの事実は，国連であれ EU であれ，所詮は国民意識によって動かされるものであり，国際社会の組織化は国民意識の従属変数でしかありえず，単独の国家，あるいは，国家間関係の延長線上でしか国際機構を語ることはできないことになる。「国際機構は国民国家の関数である」という指摘［最上 2006：2］があるが，そうであるなら，国際機構を分析することは逆にそれぞれの時代の国民意識や国民国家，さらに国家間関係のありようを描き出し得るし，それぞれを対比して検討することを意識しなくては，国際機構を独自の研究対象とする意義は乏しい。

　そこで本書では，近代のヨーロッパ国際秩序が，その内部において，また，外部世界との間においてどのように秩序を形成し，その過程でどのように組織化という現象を生んだか，ということに重点を置いて国際機構論を考える。いいかえれば，国際機構論とは，国際秩序の変容という動態の中で，どのように組織化が進行したか，あるいは，停滞したか，また特定の問題について具体的な国際機構の活動がどのように貢献したかどうかを考えることが重要であるという視点に立つ。

　国境を超える問題についてさまざまな行為主体（アクター）が相互に協力しながら問題解決にあたる過程を指す言葉として，グローバル・ガバナンスというものがある。この言葉自体は冷戦以後に特に注目を浴びているが，現象としては遅くとも 19 世紀には今日でいうグローバル・ガバナンスと呼び得る状況が存在し，一部にはそのための国家間協力システムが誕生していたことを踏まえた上での「国際機構論」であり，前節で紹介した国際機構よりも検討の範囲は広い。すなわち，ヨーロッパを中心に誕生した国際秩序がその後

世界規模に拡大していく過程で，西ヨーロッパ国際体系も変容を迫られ，その背景として組織化現象を挙げることができる。本書は両者の相互作用を，組織化（あるいはそれを具現化した組織体の形成・発展さらには停滞）の側から見る，ということでもある。

　本書は，個別の国際機構についてそれぞれの役割や機能を説明することより，国際機構が誕生するに至った思想的・歴史的基盤に重点を置くことにする。そのことを通じて，より正しく現代国際社会における国際機構の存在意義を考えていけると思うからである。

第 **I** 部

国際社会はどのように
組織化したか

第 **1** 章 — 近代国際秩序の形成と国際機構の萌芽

本章のポイント

この章では，18 世紀から 19 世紀末にかけてのヨーロッパ中心の国際秩序と，その中で出現した国際河川委員会や国際行政連合について扱う。この時代には今日的な意味での国際機構と呼べるものは出現していないが，それでも，それ以前とは異なる「外交」が登場して定着し，さらにその後の国際社会の組織化につながる動きがみられた。鍵となる言葉は，政治・外交の側面ではヨーロッパ協調に基づく帝国主義であり，経済・社会の側面では産業革命である。

1 近代国際社会の成立

■ 近代国際社会成立の契機

　中世ヨーロッパは，宗教的には**カトリック教会（ローマ教皇）**を，

世俗的には**神聖ローマ帝国**を中心として緩やかに結びついた社会で
あった。今日われわれが考えるような意味での主権国家体制は存在
しておらず，国際関係といっても，現在のイタリアの中では王国の
属領である公国や共和国，さらにはそれらの属領が外交使節を交換
し，同盟を結ぶという「重層性と入れ子状」［鈴木絢女 2012：66-67］
を呈しており，それがヨーロッパ中に広がっていた。いいかえれば，
国家（帝国，王国，公国，共和国）が存在し，そこに君主（皇帝，国王，
諸侯）はいても，今日の我々がイメージするような集権的な国家は
存在せず，さまざまな主体（そこには商人も含まれる）による緩やか
なネットワークが形成されていた。したがって，今日の国際機構論
の前提となる，主権国家同士の結びつきという意味での「国際社会
の組織化」が生まれる余地が乏しかったのである。その一方で，中
世のヨーロッパが平和で安定した社会だったわけではなく，たびた
び戦争に見舞われていた。改めて第4章でも説明するが，さまざま
な主体の間で同盟が結ばれていた，という事実は，将来予期される
戦争への備えが不可欠であったことの裏返しでもある。

　このようなヨーロッパをさらに不安定化させたのが，カトリック
教会の腐敗に対する宗教改革の動きであった。宗教改革に伴うヨー
ロッパ各地の戦争は，1648年のウエストファリア条約によって一応，
幕を閉じる。今日まで続く主権国家体制（ウエストファリア体制）は
この条約を端緒とする，というのが，従来の通説的理解であったが，
このような見方には現在大幅な修正が加えられている［明石 2009 な
ど］。ただし，この戦争の結果，ヨーロッパ国際政治におけるカト
リック的普遍性やハプスブルク家の地位の低下，それに代わってス
ウェーデンとフランスが台頭したり，それがその後の国際関係を規
定したりするようになったのである［君塚 2010：82-83］。

　18世紀ヨーロッパ国際政治を構造的に特徴づけるのは，「**勢力均
衡**」である。それは「協調なき均衡」［細谷 2012：90］であり，後に

見る「協調」よりも，強大国の出現を抑えるためなら戦争も厭わない，という時代である。勢力均衡とは，「いずれの一国も優越的地位を占めておらず，他国に対して自分が正しいとみなすことを独断的に命令できない状況」［ブル 2000：127, 板橋 2018：28］を指す。従って，均衡が作用している間はともかく，一国が覇権を握ろうとすれば，周囲の諸国は同盟を組み，その野望を阻むべく戦争を行うことになる。「協調なき均衡」とは，裏返していえば相互不信と疑心暗鬼の世界であるから，国際社会の組織化の契機には乏しいはずである。しかし，ウィリアム・ペン（1693 年），ジョン・ベラーズ（1710 年），アッベ・ド・サン・ピエールといった人々が，まさに勢力均衡の時代を象徴する戦争であるスペイン継承戦争（1701-15 年）の時代に，ヨーロッパにおける平和構想を著し，さらに，1795 年には，エマニュエル・カントが有名な『永遠平和のために』を出版している［ヒンズリー 2015：45-66］。これらはいずれも，戦争の回避という意味での平和の維持，すなわち各国の領土拡張策の減殺を目的としたものであり，均衡に代わる協調や今日でいう集団安全保障ではなく，君主の自制を通じた**国家連合（コンフェデレーション）**や**連邦（フェデレーション）**を提案しているという点に特徴がある。

2　ヨーロッパ協調の意義と評価――近代国際秩序の成立

■ 20 世紀前半の認識

　ジェームス・ブライアリーは，その主著 *The Law of Nations* の初版（1928 年）に「国際社会の組織化」という章を設け（第 IX 章），1814 年から 15 年にかけてのパリ会議において河川の自由航行について多国間での国際会議が開催されたことをもって，旧来の二国間外交による外交とは異なる新たな外交の登場を紹介している［Brierly 1928：198］。その後，同書第 2 版以降，章のタイトルを「国際社

会の法的組織化」(傍点筆者)に改めた上で，章も第Ⅲ章に移している*)。19世紀に始まった国際会議方式をもって，その後の国際行政連合や国際連盟・国際労働機関の設立の嚆矢とみる，という論旨は一貫しており，同章ではいわゆる「ヨーロッパ協調」の下での一連の会議とその成果が記されている。

　また，ブライアリーの初版刊行の10年前(1918年)には，同じイギリスの歴史家チャールズ・ウェブスターも，イギリス外務省の委託を受け，ウィーン会議に関する報告書を提出している。第一次世界大戦後のヨーロッパの平和と安定を考える上で，ナポレオン戦争後の約一世紀の平和を考える必要があったということであろう[細谷 2011：94]。学問的に国際社会の組織化を考える上でも，実務的に第一次世界大戦の戦後処理を考える上でも，なぜヨーロッパ協調が注目されたのだろうか。

■ウィーン体制とは

　ウィーン体制とは，勢力均衡を中核とした大国の協調関係であり，**ヨーロッパ協調**とも呼ばれる。一般的には，ナポレオンのロシア遠征を機に1814年のショーモン条約から15年5月のパリ条約や，同時期にウィーンで開催された対フランス戦争戦後処理問題のための国際会議開催を始期とし，1870年の普仏戦争で崩壊の危機に瀕したとされる体制である[君塚 2010：206-250]。後にもみるように，歴史学の立場からは，このウィーン体制が大国中心であり，ヨーロッパの弱小国・地域への干渉や植民地獲得競争とも結びついていたが故に，批判的に検討されることが多い[小林 2002：31]。また，戦後の

---

*)　同書は第5版(1955年)までブライアリー自身の手による補訂が施された後，没後，ウォルドックによる第6版(1963年)，クラッパムによる第7版(2012年)が刊行されているが，いずれも国際社会の組織化に関する章は第Ⅲ章のままである[山田哲也 2016b]。

講和条約とは異なるものの，会議開催の契機や，仮に会議が失敗に終わった場合を考えれば，軍事力（あるいは戦争）から切り離された，純粋な意味での「国際会議」でもなかった。

　ただ本書の観点からウィーン体制の特性として，次の四点を指摘しておきたい。第一に，ウィーン体制はあくまで体制であって，それ自身が一つの同盟（あるいは有志連合）だったわけではないということである。このことは，敗戦国フランスにも大国としての地位を与えたことからも明らかである。それと共に，第二に，ウィーン体制内部においても，参加国間に思惑の差はあり，特にオーストリアの外相**クレメンス・フォン・メッテルニヒ**は，反自由主義・反民族主義的な干渉を行う装置としてウィーン体制を利用した。さらに第三に，会議を主導する個人の力量に負う点も挙げられる。それは，ヨーロッパ各国の首脳たちによる「**会議外交方式**」時代のメッテルニヒでも見られたし，ウィーン体制の主導権がイギリスに移り，**パーマストン卿**（外相，のちに首相）が議長となって，他の国からはロンドン駐在の大使・公使が出席する「**会議体制方式**」に変わってからも同じであった［君塚 2006：7］。そして第四に，バランサーとしてのイギリスの存在である。対フランス戦争前には「二流国」であったイギリスは，その後，国力と軍事力の増大を背景に西大西洋地域での覇権を握り，それを背景に会議の行方を方向付けることが可能になった。これらが，19世紀を通じて，ヨーロッパとしての統一性・共時性［遠藤 2014：36］を確保するものとして作用したのである。また，イギリスについては，この時期に産業革命がおこったのも偶然ではない。まさに，ウィーン体制は，ブライアリーが指摘するように，二国間の懸案を外交使節を通じて解決する旧来の外交とは異なり，諸国間に共通の懸案を多数国条約の作成（彼はそれを「立法」と呼ぶ）によって解決する，新しい外交手段を産んだのである。

　ウィーン体制は常設機関ではなかったが，1814 年から約 100 年間，局地的な戦争はあったものの，大戦争を回避することには成功していた。それは会議外交として機能し，その後，主導権はパーマストン時代のイギリスから 19 世紀後半に台頭するオットー・フォン・ビスマルクのドイツへと移行するものの，会議体制として第一次世界大戦勃発まで完全には崩壊しなかった。ハプスブルク帝国を中心とした帝政やこれに取って代わるドイツ帝国の絶対王政と，革命後の共和制のフランスという対極の勢力の間で，立憲君主制という双方の政治性を兼ね備えたイギリスのバランサーとしての役割が大きかったのである。「パクス・ブリタニカ」（イギリスによる平和）はヨーロッパ外の地域でのイギリスの覇権に基づく平和維持であったが，ヨーロッパ内では仲介役として大戦争の回避に貢献した。会議外交の終焉には多くの要因があるが，著名な政治家自身の外交力への依存から，近代的で専門的な官僚制度の時代が到来した結果であろう。複雑化した国際関係に対処するには，もはや個人の采配では制御できない，各国外交組織間の国際的な協調体制を必要とする時代の前兆［松本 2005：90］としてヨーロッパ協調は位置づけられ，国際機構を歴史的に検討する際の出発点として定着している［Reinalda 2009：Part I，など］。

　第一次世界大戦勃発によってウィーン体制は完全に崩壊したが，そのヨーロッパ協調の理念は，後の国際連盟や国連のあり方の基礎になったとする研究者も多い。冷戦期のアメリカで大統領補佐官や国務長官を務めた，**ヘンリー・キッシンジャー**の博士論文のテーマがヨーロッパ協調であったのは有名な話である。

■ 秩序維持方式としての「ヨーロッパ協調」

　このような経緯もあり，1815 年のウィーン条約によって成立したヨーロッパ協調は，しばしば，国際機構の「前駆」［最上 2016：27］

とも，「歴史上初めての国際組織」［細谷 2012：135］ともされる。その一方で，歴史学におけるヨーロッパ協調は，「大国間の勢力均衡に立脚し，自由主義や民族主義を協同で抑圧する体制」［小林 2002：31］として否定的な評価を受けるのが常である。とりわけ，初期のヨーロッパ協調を取り仕切ったオーストリア外相（その後，宰相）であったメッテルニヒについては，そのような反革命的態度が顕著であった。狭い意味での国際機構論から見たとき，ヨーロッパ協調は，せいぜい単なる「常設化された会議体」に過ぎず，国際機構の定義を満たすものではないが，何故，国際機構論と歴史学において，ヨーロッパ協調への評価が対立するのであろうか。ここでは国際機構論の立場から二点指摘しておきたい。

　まず，従来のヨーロッパが，先にも見たように「力による均衡（勢力均衡）」を目指したのに対し，ヨーロッパ協調は，その名の通り，「会議体制」なり「会議外交」と呼ばれる平和的な手段を希求したことである。1804 年に就任したイギリスのウィリアム・ピット首相は対仏大同盟の結成を呼びかける書簡の中で，平和の再構築のためには「ヨーロッパの公法となるような全般的な体制」の必要性を訴えた［細谷 2012：112-113］。さらに，従来の単なる勢力均衡方式なら，戦争後も封じ込めの対象となるはずの敗戦国フランスに対しても1815 年のウィーン議定書によって大国の地位を認めた。

　このことは，ウィーン体制が大国中心のヨーロッパ秩序であったことによって否定されるものではない。19 世紀以前のヨーロッパ諸国の間にも栄枯盛衰はあり，とりわけ，18 世紀末にはイギリスでの産業革命を契機に，やがて，パクス・ブリタニカの時代を迎えるのである。秩序が秩序たり得るには，いずれかの大国（群）が，経済的・政治的・軍事的に主導的な役割を演じる必要がある。イギリスを中心とする大国が主導してヨーロッパ諸国の懸案を会議を通じて解決する方式は，当初は，新国家の成立や国境線の画定という，

いわば安全保障の分野で活用されたが，やがて，後に見る国際行政連合の設立をも促すことになった。

3 「共通利益」認識の出現（1）——国際河川委員会

■ 国際河川と諸国の自由航行

　主権国家が成立する，ということは，国境内の事項について各国家が排他的に国家管轄権を行使し得るということと同義である。河川についても同様であり，水源から河口までが一国内で完結していれば，当該河川取り扱いはその国の国内問題となる。ところがヨーロッパでは，複数の国を貫流したり，場合によれば河川を国境線として利用したりする場合もある。このような河川（**国際河川**と呼ばれる）については，沿河国の管轄権を相互調整する必要性に迫られる。とりわけ上流に位置する国家は河口へのアクセスが必須であるし，非沿河国であっても通商上の必要から上流国への航行の自由が必要となる。また，農業用水としての利用，さらに時代が下れば都市での需要，水力発電といった経済的な資源としての水が，効率的かつ公平に利用される必要がある。このような河川については，17世紀ごろから関係国間で通商条約などを通じて調整が行われてきた。

　といっても，各国の河川行政が集権的に（中央政府によって）行われていたわけではない。そもそも，当時の航行は基本的に人力か帆走であり，上流に向かう際は，さらに人または馬が陸上から船舶を引き上げる必要がある。しかも，河川流域には諸領邦が存在し，河川管理や通航制度も領邦ごとに異なり，通行税や手数料も領邦ごとに徴収されていた。加えて，一定の都市と同業組合には特権が認められ，積み荷の運送も特定区間ごとに特定の業者組合が独占しているありさまであり，河川を利用した運送業の発展の阻害要因となっていた [鈴木めぐみ 1997：145-147]。

■「航行の自由」概念の誕生

　ところが，1814年のパリ条約で主要な国際河川について航行の自由が宣言されるとともに，1815年には同内容のウィーン会議議定書が作成された。同議定書を通じた通商の自由や平等待遇の確保といった一般原則の定立によって国際河川制度は一大転機を迎えたのである［鈴木めぐみ 同上論文］。すなわち，河川工事の調整，航行規則案の作成などを任務とし，各国の河川行政を統一する役割を負った国際河川委員会と呼ばれる組織が形成されるようになるのである［国際法学会 2005：255-256］。

　スイス・アルプスを水源とし，現在のドイツ西部を通ってオランダで北海に注ぐライン川については，1815年に「**ライン川の航行に関する中央委員会**」が，ドイツ南西部を水源とし，黒海に流れるダニューブ川については，「**ダニューブ川（ドナウ川）の管理に関するヨーロッパ委員会**」が1856年に設置された。この国際河川の利用に関する国際的な行政を行う組織を総称して国際河川委員会（international river commission）という。その他，オーデル川・ニーメン川（1919年），エルベ川（1821年），シュルト川（1921年）といったヨーロッパの主要河川について，それぞれ委員会が設立された［城山 1997：24-28］。また，アフリカにおいても植民地支配の文脈でコンゴ川やニジェール川（ともに1885年）に委員会が設立されている。

　国際河川委員会を国際機構（あるいは国際機構を通じた国際行政）の嚆矢とみるかどうかについては意見の対立もある。しかし，すでに見たとおり，一国の利益に還元できない「**諸国に共通した利益の存在**」が国際河川において意識され，それを条約によって設立された組織体（委員会）を通じて実現する方式が19世紀初頭に出現したこと，また，現代でもメコン川において同様の委員会が存在した（1957-94年）ことを考えれば，国際協力の一形態として主権国家とは別の組

織体が一定の機能を果たす事例として，国際社会の法的組織化とい
う意味での国際機構論の対象に含めることに意味がある。とりわけ，
特定の国際河川委員会の管理・警察活動は一定の強制性と航行規則
の私人に対する直接適用といった超国家性を有していた，という意
味で，現代においても例外的とみなされるような権限を持つ国際的
な組織体が存在した，という点は見逃せないだろう［山本草二 2016：
13，83］。

■ 国際河川委員会の任務と権限

　では，国際河川委員会は実際にどのような任務と権限を有してい
たのだろうか。

　そもそもライン川については，1804 年の段階でフランスと神聖
ローマ帝国の間の二国間条約で通行税と航行規則が統一されていた。
同条約下の体制の方が，1815 年以降の体制に比して，長官，委員会
による直接的共同行政の色彩が強かった［城山 1997：25-26］。これ
が 1815 年以降になると，長官制度が廃止され，監察官の権限は，
国際委員会の議題の準備，航行者の訴えの聴取とそれに基づく調査
であり，指揮よりも説得という色彩が強くなった。

　また，ダニューブ川について設立されたヨーロッパ委員会は，航
行規則を巡る問題よりも，河口の浚渫事業とその費用負担のための
通行税徴収という，より技術的な色彩の強いものであった。河口を
管理していたロシア（クリミア戦争後はトルコに変わる）の河川行政が
非効率的だったからである［城山 同上書：26-27］。

　この二つの例からも明らかなように，国際河川委員会という組織
は河川ごとの問題領域に従って権限が設定されており，統一的な制
度が導入されたわけではないことに注意を払う必要がある。

■集権化と国際化の同時進行

　国際河川委員会を国際機構論の対象に含む意義として指摘できるのは，前節で見た，中世ヨーロッパの分権的な構造が近代ヨーロッパの集権的な構造へと作り変えられていく過程の中で登場した，という点である［鈴木めぐみ 1997：162-163］。前にも述べたように，当時のヨーロッパの各河川には各国の（完全な意味での）主権（監督権限）が及んでいたわけではなく，特に通商目的での船舶の航行を実際に取り仕切っていたのは，領邦であったり，区域ごとの曳舟業者だったり，運送業者の同業組合であった。

　これに対し，国際河川委員会は，彼らの既得権益を国家が吸い上げ（集権化），さらに改めて国際河川委員会に権限を委譲（国際化）したものである。つまり，「国際社会の組織化」とは，いったん強固な主権国家体制が形成された後，それに対する修正として出現したものではなく，中世ヨーロッパ秩序から近代ヨーロッパ秩序への組み替えの過程で，集権化と国際化（あるいは中立化といってもよい）が同時進行したとみることができる。すなわち，主権国家体制の確立過程で，同時代的に，主権国家以外の組織体が条約を通じて設立され，部分的ながら国際共同体と呼べるような国際社会も誕生した，ということである。

　なお，引用文献や関連条文を見ると，国際河川制度は基本的に通商上の目的での組織化，という色彩が強く，軍艦や公船は制度から除外されていたと見られる［国際法学会 2005：255］。他方で，関連条約の締結の時期は，ウィーン体制の下での主要な会議と符合している。とくにライン川（左岸）は，ナポレオン戦争後のフランス国境東端であったこと，ドナウ川河口は黒海であり，当時の大国にとって要衝地であったことを考えると，商船を中心とした自由航行の確保を目的とした沿河国の管轄権の制限も大国間協調の中での関心

事とされたのである。

　河川の国際化の真の目的が何であれ，19 世紀ヨーロッパにおける国際河川（委員会）制度は，諸国家に共通の利益が存在することを実体的に示し，主権国家から独立した委員会が設立されたことの重要性は改めて繰り返すまでもない。

4　「共通利益」認識の出現（2）──国際行政連合

■ 国際行政連合とは

　19 世紀初頭以降，産業革命に伴う経済発展と市場の拡大に伴い，国際河川委員会とは異なる形で各国に共通する利益の実現を図る動きとそれに必要な組織化が進行する。そこで生まれた組織体を総称して，**国際行政連合**という。国際行政連合とは「交通・通信，経済，保健衛生，度量衡，科学技術，知的財産権などの特定の専門行政事項の分野において，国家の協働を確保し国際協力を推進するため条約に基づいて設立された国際機関」［国際法学会 2005：271］と定義される，国際機構の前駆体のことである。この定義からも明らかなように，今日の（国内）行政でも馴染み深い分野での国際協力が，すでに 19 世紀初頭には見られるようになっていた。

　他方，国際行政連合は，国際河川委員会が沿河国の管轄権を制限し，それ自身がある程度直接的に国際行政を行っていたのとは異なり，各行政事項について，国際会議を開催して条約を作成し，その実施は各国行政機関が担う，という，いわば間接的な役割を果たしたのに留まる。つまり，各国は，条約を通じて一定の義務を負い，その範囲で主権は制限されるものの，主権平等原則そのものは維持される，ということになる。また，組織上の特色として，国際行政連合は，条約加盟国による定期的な会合（全権代表によるものと，各国行政官などによるものとが並存している場合が多い）と，会議の運営

に特化した国際的な事務局からなる。このような組織形態からも，国際行政連合の間接性を見て取ることができよう。

　ただし，一部の国際行政連合は，国連の設立にあわせて組織を再編して国際機構となり，さらに国連の**専門機関**になったものもある。その意味では，国際機構の歴史的発展を考える上で見逃すことのできない存在であるといえよう。

■ ラインシュの国際行政法概念

　1911 年に，当時存在していた国際行政連合について網羅的な検討を行ったのが，ポール・ラインシュである。その著書は，上述の国際行政連合を網羅的に検討した上で，二つの重要な指摘を行っている［Reinsch 1911］。一つが「国際行政法（International Administrative Law）」の出現と国際行政連合が戦争に及ぼす影響である。後者は，後述する機能主義という考え方とも関連するので，ここではとりあえず，彼の「国際行政法」概念の確認から始めたい。彼によれば，国際行政連合の出現と発展によって生み出された国際行政法とは，「権威ある普遍的組織体によって承認された物的知的な，国内的および国際的な団体の関係と活動を規制する，国際会議や国際委員会によって創り出された法令の体系」［Reinsch 1911：130］である。辞書的定義に示された国際行政連合を通じて作成された条約を，彼は国際行政法と呼んだのである。

　しかし，次節で見るように，国際行政連合はその設立においても，内部の機構や権限，法令（条約）作成の過程においても一様ではない。確かに国際行政連合は主権国家（と一部の植民地）を公式のメンバーとするものではあるが，設立の動因の中には，主権国家内部の利害関係者・団体（後に触れるグローバル・ガバナンス論でいうステークホルダー）が関わっているものもあり，必ずしも（狭い意味での）「主権国家間の利害調整」に留まるものではないのである。ラインシュは

同書の執筆にあたり，およそ30の国際行政連合を取り上げているが，ここでは主要と思われるいくつかのものを取り上げ，国際行政連合の「多様性」を示しておくことにしたい。

5　国際行政連合の具体例——ラインシュの分類を手がかりに

■ 国内の技術的統一から国際的統一へ

　1769年にワットによって蒸気機関が発明され，1825年にイギリスのストックトン－ダーリントン間に最初の鉄道が敷設されてから，大陸ヨーロッパも含め鉄道建設ブームが湧き起こる。日本の場合も同様であるが，鉄道事業は必ずしも国家による独占だったわけではなく，今日の幹線部分も含め，私有鉄道として建設される場合もあった。それもあって，1847年に設立されたドイツ鉄道行政連合は，ドイツ，オーストリア，ハンガリー，オランダ，ベルギー，ルーマニア，ロシアの108の鉄道事業者によって発足した，いわば国際的な事業者団体である。これが国家単位の連合になるのは，1878年になってからのことであり（その際，フランス，イタリア，ルクセンブルク，スイスも加わる），3度の会議を経て，**国際鉄道貨物輸送連合**が誕生するのは1893年1月1日である。

　同連合の主たる任務は貨物の輸送・梱包方法などに関する規則の標準化であり，鉄道そのものの技術的規格の統一を任務としていたわけではない。初期においては，イギリスで製造された車両がヨーロッパ諸国に輸出されていたから，イギリス国内の規格がそのまま持ち込まれたのである。日本の場合も，国有鉄道による買い取りを想定して軌間を定めたり，異なる軌間を採用した私有鉄道が合併を繰り返す中で軌間を統一したりすることは稀ではなかった。

表 1-1　国際行政連合の例

万国電信連合
万国郵便連合
国際鉄道貨物輸送連合
国際無線電信連合
国際衛生会議
国際度量衡事務局
工業所有権保護連合
著作権保護連合
反奴隷貿易国際海事事務局

〔出典〕〔Reinsch 1911〕を基に筆者作成。なお, 日本語表記については, 〔最上 2016〕も参考にした。

■ 技術革新に伴う国家の介入──電信から無線電信へ

　19 世紀半ばの国際電信は, 二国間条約によって規律されていた。これが国際的な, 多国間の連合（**万国電信連合**）を形成する契機は 1865 年のことであり, 当初は 20 カ国が参加した。ここでもまた, 通信の秘密や, 電信に関わる国家の義務や免除, 電線が使用される国家に危害を加える恐れのある電信の送信拒否, といった電信に関する一般的な内容の条約が作成された。1911 年になると, 加盟国はアメリカ, 中国, メキシコ, ペルー, カナダを除く主要国に広がり, 48 の国と植民地が参加した。

　さらに無線電信が発明されると, 当初は, それをイギリスが独占的な支配下に置こうとしたものの, 各国の反発にあい, 1903 年に最初の国際会議がベルリンで開催され, 1906 年の会議で一般条約（convention）が採択され, **国際無線電信連合**が設立された。そこでの規則形成は, 一般条約の下に, 詳細を定める議定書（protocol）とさらに行政的な取決めとしての規則（règlement）を置くという三段階の構造になっていた。一般条約が枠組みを定め, 議定書と規則が詳細

を定める方式は，今日の環境関連の条約にもみられるものであるが，その萌芽的な形態は，すでに 20 世紀初頭からみられたのである。

なお，万国電信連合と国際無線電信連合は，1932 年に**国際電気通信連合**（ITU）として統合され，第二次世界大戦後には，国連の専門機関（詳細は第 2 章参照）となっている。同様の発展を遂げた国際行政連合に，**万国郵便連合**（UPU）がある。

■ 衛生と防疫

科学の発達は，伝染病（感染症）に関する知見を増大させた。それにより，国内における衛生状態の改善が図られるようになる。しかし，衛生状態の悪い外国や植民地との貿易が拡大すれば，自ずと伝染病の国内への伝播のリスクが高まる。国外からの伝染病の防疫についての最初の国際会議は，フランス政府の呼びかけにより，1851 年に開催された（第 1 回国際衛生会議）。この国際衛生会議に事務局が設置されるのは，1897 年のブリュッセルでの会議が契機であるが，この事務局の主たる目的は情報伝達であり，衛生・防疫措置の実施ではなかった ［Reinsch 1911：58］。

検疫措置は，すでに 14 世紀のベネチア（現在のイタリア）に見られ，19 世紀までにはほとんどすべてのヨーロッパ諸国で実施されていたからである ［永田 2010：19-20］。また，防疫の中継地点であるトルコ（コンスタンチノープル。現在のイスタンブール）とは 1838 年に，エジプト（アレクサンドレア）とは 1881 年に，ヨーロッパ諸国との条約を通じて，検疫・防疫のための理事会（Conseil）が設立されている（トルコの理事会は，1892 年の条約によって，国際衛生会議の枠組みに取り込まれた ［Reinsch 1911：59］）。これらの理事会の役割は両国での防疫措置の監督であり，技術支援とも評価し得るものであった。

なお，保健衛生分野は，国際連盟によっても実施され，1923 年には**国際連盟保健機関**（LNHO）が設立され，その後の**世界保健機**

関（WHO）などの設立につながっていく［安田 2014, 後藤 2016, 豊田 2022］。国際行政連合が, その後の国際機構の充実や発展に貢献した好例といえよう。

■ 紛争の平和的処理──ハーグ平和会議

1899 年と 1907 年に開催されたハーグ平和会議は, 平時に開催され, 戦争の防止と紛争の平和的処理のための条約作成を目的とした会議として, 国際法・国際機構論で紹介されることが多い。というのも, ハーグ平和会議には, 日本や清を含むヨーロッパ以外の国も参加した（第 1 回会議では世界各地から 26 カ国, 第 2 回会議では 44 カ国が参加した）, という意味で「国際社会のヨーロッパ以外への拡大」を象徴する会議だったからである。第 1 回会議では, 「国際紛争平和的処理条約」, 「陸戦ノ法規慣例ニ関スル条約」などが, また, 第 2 回会議では「開戦ニ関スル条約」, 「契約上ノ債務回収ノ為ニスル兵力使用ノ制限ニ関スル条約」といった条約が採択された［Scott 1917］。その意味で, 会議は成功し, 常設化も検討されたが, 第一次世界大戦の勃発により立ち消えとなった。

この一連の会議を国際行政連合に分類することは, あまり一般的ではない。しかし, ラインシュは, 国際紛争平和的処理条約で設立された常設仲裁裁判所に事務局（43 条）が置かれたことや, 裁判所の運営を審議する常設評議会（49 条。締約国の外交代表者が出席し, オランダの外務大臣が主宰する）の設立をもって, 国際行政連合の一種に分類している［Reinsch 1911：122-125］。

6 「共通利益」の実現と平和──ラインシュの分析

技術的・行政的条約（主として国際行政連合を通じて作成された条約）と戦争の関係をどう捉えるか。ラインシュの著書は, 国際社会が第

一次世界大戦へと向かう不安定な時期に書かれたせいか，技術的・行政的な協力が平和をもたらすかどうか，については触れていない [Reinsch 1911：169-]。また，ハーグ平和会議についても，ラインシュの記述から，「平和会議の常設化が平和をもたらす」という主張を読み取ることはできず，むしろ，実際の戦争においても，敵国・中立国を問わず，郵便や通信関係の条約が直ちに無効にはなっていないことを指摘するに留まっている。

　ただ，国際行政連合が登場・活動した 19 世紀前半は，ヨーロッパの安定が保たれていた時期であるから，「平和が確保されていれば，技術的行政的協力も進展する」ということは，ラインシュの研究から導くことができる。これを「共通利益を確保するための技術的行政的協力の進展が平和を確保するか」と形を変えれば，第 3 章で検討する機能主義の問題設定となる。また，国際鉄道貨物輸送連合の経験のように，国家以外のアクターが協力関係を推進し，それが主権国家の行動に影響を与える場合，それがさらに平和の確保に資するか，という問いを立てるなら，グローバル・ガバナンス論の論点にもつながる。本章では，大国主導の協調体制，主権（管轄権）の制限を含めた国際河川の管理，主権平等原則の下での協力体制の構築，の三つの問題を検討した。いずれも歴史的な問題ではあるが，現代にも通じる問題を内包していることは明らかであろう。

第2章 国際連盟と国際連合

本章で学ぶこと

1 「20世紀」とはいつか
2 国際連盟という構想
3 国際連盟の組織と活動
4 国際連盟から国際連合へ

本章のポイント

通常なら，国際連盟と国連は別の章で取り扱われるテーマかもしれない。一般に国際連盟は「失敗」し，代わって国連が「人類のホープ」［横田1947：1］として登場したとされる。その一方で，国際連盟の経験が国連に活かされた部分もあるし，国連が国際連盟同様の限界を抱えている部分もある。「国連の存在理由はグローバル・ガバナンスにおいて重要な役割を果たす」［内田 2002：11］ものなのか，それとも「国連は，現在までのところは徒労に終わっているが，時代のニーズに応える政治的なレゾンデートルを求めている」［マゾワー 2015：29］のか，それを考える上でも，国際連盟設立前史から国連設立までを一つの時代として検討することが必要だろう。

1 「20世紀」とはいつか

歴史学における論争はともかく，国際社会の組織化という観点で

考えるなら，20 世紀の始期は，1914 年の第一次世界大戦勃発か 1919 年の国際連盟設立に求められよう。そして 1939 年までの 20 年間（いわゆる戦間期）を経て，世界は第二次世界大戦に突入するとともに，その後の「戦後秩序構想」が練られるようになる。**国際連盟規約**と**国際連合憲章**（以下，国連憲章または単に憲章）は，ともに大戦初期からイギリスとアメリカの戦後国際秩序構想から生まれた。その後，国際連盟規約はベルサイユ講和会議における対ドイツ講和の一環で作成され，国連憲章はソ連を加えた**連合国**という枠組みを通じて議論が本格化した。

　日本では，1945 年 8 月 15 日を時代の転換点と捉えるのが一般的である。しかし，イギリスやアメリカといった戦勝国にとっては，転換点というより通過点だったのではなかろうか。すなわち，国連の設立は「失敗」した国際連盟に対する「修正」という視点である。ただここで疑問がわくのは，国際連盟が「失敗」したのに，連合国はなぜ改めて同じような国際機構の設立に合意したのだろうか。また，国際連盟も国連も西ヨーロッパ国際体系を基礎としており，かつ，いずれも「帝国 – 植民地」関係を内包するものであったにもかかわらず，そこから解放された旧植民地は，なぜ国際連盟や国連に加盟したのだろうか［小林 2002：35］。これに対する一つの答えは，勢力均衡の崩壊によって二度の世界大戦を経てもなお，一定の理念・ルール・規範を共有した「国際共同体」を必要としたのだ，というものである（本書第 3 章，［細谷 2012：194］）。そして，その「国際共同体」には，一定の普遍的正統性があり，旧植民地諸国も独立の証として国連に加盟したのだ，と。

　また次に問題になるのは，20 世紀の終期をいつにするか，という点である。

　この点は，「冷戦後」と呼ばれる時代の終期をいつと考えるか，という問題とも関係する。2022 年 2 月 24 日のロシアによるウクラ

イナ侵略が，国連の正統性を大きく傷つけたことに疑いはない。しかし，それ以前の出来事，例えば，1999 年 3 月 24 日のコソボ紛争，2001 年 9 月 11 日のいわゆる《同時多発テロ》，2003 年 3 月 20 日の「イラク戦争」，さらには 2014 年 3 月 18 日のロシアによるクリミア併合は 20 世紀や「冷戦後」の終わりにどのように影響しているのだろうか。これらの点については，単に国際連盟や国連の内部構造や，各機関の手続き・権限を観察するだけでは答えは出てこない。まさに国際秩序全体の中での国際連盟なり国連を歴史的にいかに位置づけるかという問題意識を必要とする論点だろう。

2　国際連盟という構想

■ 国際連盟設立構想

　国際連盟設立の経緯については，多くの書物が刊行されており，すでに語り尽くされた感があるが，改めて国際連盟設立に至るアメリカとイギリスの役割をまず簡単にまとめておきたい。

　1914 年 8 月の第一次世界大戦勃発直後，アメリカは直ちに中立を宣言した（参戦は 1917 年 4 月）。しかし，ドイツによる潜水艦作戦で多数のアメリカ人犠牲者を出したイギリス船ルシタニア号事件（1915 年 5 月）を機に，アメリカ国内でも反ドイツ感情が高まるとともに，来るべき戦後の平和構想についての議論が高まった。中立だからこそ，客観的に情勢を分析し，具体的提言を行う時間的余裕があったのである。その際，アメリカが伝統的な孤立政策（モンロー主義）の下，ヨーロッパ問題に距離を置くとともに，ヨーロッパからの干渉を排除する政策を採っていた（それが可能だったのは，大西洋におけるイギリスの海軍力による覇権だった）こともあり，ヨーロッパ協調のような大国による中小国への干渉政策に対して嫌悪感を抱いていたことが指摘される。

　一方，当初からの参戦国であったイギリスでも，かなり早い時期から国際連盟構想の原型を見いだすことができる。それは1914年8月に設立された**民主的統制同盟**（Union of Democratic Control）である。その中心となったのが急進的平和主義者ノーマン・エンジェルである。彼らも従来の秘密外交と戦争を批判し，国際連盟構想を発表した［ミラー 2002：113，細谷 2012：195-196］。このほかにも，自由党の政治家で駐米大使の経験もあるブライス卿を中心とする**ブライス・グループ**を中心に，後に国際連盟協会となる組織を結成し，エドワード・グレイ外相や南アフリカ出身でイギリス帝国戦時内閣の一員でもあったヤン・スマッツの支持も得ながら戦後秩序のあり方を議論した［大久保 2018：12］。また，19世紀後半に設立された，社会主義知識人の組織で，後の労働党設立の契機となるフェビアン協会でも，シドニー・ウェッブとビアトリス・ポッター・ウェッブなどが中心となって国際社会における平和の促進や軍備縮小などを提言した。

　これを受けて，イギリス政府内部でも，国際連盟構想を巡る議論が本格化していく。その際の彼らの問題意識は，「ウィーン体制の再構築」であった。イギリス政府が目指したのは，放置すれば戦争に至るような事態が発生したら，まずは国際会議を開催するということを制度化するものであった。その背景には，国際行政連合やハーグ平和会議で培われた，多国間での会議に関する経験も影響している。戦争を巡る問題について，改めて会議体制を整えることで戦争を起こりにくくするというのである。注意しなければならないことは，第一次世界大戦の時期には，戦争を全面的に禁止するという考え方は，十分な支持を得ていなかった。むしろ，第2回ハーグ平和会議で合意された**国際紛争平和的処理条約**に基づき，まずは国家間の紛争を調停か仲裁裁判に付すことを義務化し，それでも解決に至らない場合に限って戦争を認めるという発想である（戦争モラトリア

ム）。また，調停や仲裁裁判を行わずに戦争に訴える国に対しては，他の諸国が共同で制裁を行うことも構想された。

　イギリス政府内部での議論を受け，1918 年 1 月 5 日にデヴィッド・ロイド・ジョージ首相はロンドンで演説を行い，第一次世界大戦終結後に国際連盟を設立することをイギリス政府の方針とすることを公表した。その後，イギリス政府は，ウォルター・フィルモア枢密顧問官を委員長とする委員会を通じて具体的な検討を重ね，7 月に最終報告書を作成した。同じ時期にフランスも検討を行っており，最大の特徴として，軍事制裁を実施するための国際軍（force internationale）の設置を構想した点が挙げられるが，イギリスの賛同を得ることはできなかった［大久保 2018：14-15］。さらに，アメリカ国内でも**平和強制同盟**（League to Enforce Peace）の綱領（1918 年 11 月）が，アメリカの国内政治システムを国際関係に移植する内容を盛り込んだ，国際連盟構想を公表した［篠原初枝 2010：19-21］。国際連盟構想はイギリスとアメリカの，いわゆる知識人階層のさまざまな議論を反映したものなのである［Kaiga 2021］。

■ ウッドロー・ウィルソンと『14 カ条』

　これらの流れを受けて，第一次世界大戦後の国際秩序の原則を示したもっとも有名な文書が，**ウッドロー・ウィルソン**アメリカ大統領（第 28 代，任期 1913-1921 年）の**『14 カ条（Fourteen Points）』**（1918 年 1 月 8 日）である。『14 カ条』の主要なポイントは［表 2-1］の通りであるが，国際連盟設立の関連で重要なことは，第 14 項の「大小すべての国の政治的な独立および領土の保全を相互に保証するため，特別の盟約による諸国の一般的な組織体が創設されなければならない」という一文であり，特に「政治的な独立および領土の保全を相互に保証」の部分は後に若干の（ただし，かなり本質的な）修正の上で国際連盟規約 10 条となる。

表 2-1　ウィルソンの『14 カ条』

① 秘密外交の廃止
② 公海の自由
③ 通商関係の平等
④ 軍備縮小
⑤ 公正な植民地問題の解決
⑥ ロシアからの撤兵
⑦ ベルギーの独立回復
⑧ アルザス・ロレーヌのフランスへの返還
⑨ イタリア国境の調整
⑩ オーストリア＝ハンガリー帝国内の民族自決
⑪ バルカン諸国の独立
⑫ オスマン帝国内の自治
⑬ ポーランドの独立
⑭ 国際平和機構（国際連盟）の設立

〔出典〕筆者作成

　このウィルソンの国際連盟構想の特色として，次の四点を指摘することができる［草間 1990：136-139］。第一にもともとアメリカの政治体制を念頭に置いていたこと，第二に集団安全保障（詳細は第 4 章で触れる）の考えに立っていたこと，第三に平和の確保のためには経済的・社会的・人道的側面も重要であるという認識を示していたこと，第四に戦後処理のあらゆる問題は国際連盟を通じて解決されるべきであり，そのためにも国際連盟規約と講和条約は一体でなければならない，と考えていた点である。

■ ベルサイユ講和会議

　ドイツ降伏の後，1919 年 1 月 18 日からベルサイユ講和会議が開催された。講和会議である以上，本来の議題は敗戦国領土の取り扱いや賠償金問題となるはずである。しかし，戦後の世界における国

際連盟の意義を考えれば，まず国際連盟について討議すべきである
という五大国（イギリス，アメリカ，フランス，イタリア，日本）の意
見が通り，「国際連盟委員会」が設立され，五大国に加え，ベルギ
ー，ブラジル，中国，ポルトガル，セルビアが加わる形で国際連盟
規約の草案（ハースト・ミラー案）が検討されることになった［篠原
初枝 2010 : 37-40］。

　後に見る国連憲章と異なり，国際連盟規約は約 2 カ月半という短
期間で完成し，1919 年 6 月 28 日，ベルサイユ講和条約の一部とし
て署名された（発効は 1920 年 1 月 10 日）。

3　国際連盟の組織と活動

■ 国際連盟の組織

　国際連盟規約 2 条に基づいて設置された機関は，**連盟総会**（以下，
単に総会），**連盟理事会**（同，理事会），**常設連盟事務局**（同，事務局）
である。また，14 条では，**常設国際司法裁判所**（Permanent Court
of International Justice: PCIJ）の設置案の作成を理事会に命じており，
1921 年 9 月に常設国際司法裁判所規程として発効した。連盟本部
はスイスのジュネーブに置かれた（7 条）。ただし，PCIJ は，オラ
ンダ・ハーグに設置されている。総会と理事会の議事は原則として
全会一致を要求している（5 条 1 項）。組織構造については，それま
でに提案されていた，大国間協議を中心とするヨーロッパ協調型の
構想，ハーグ平和会議のような国の大小を問わず平等に会議に参加
するという構想に加え，国際行政連合の経験を活かした国際協力の
場としての構想や，フランスやイタリアが提案した「法的公正と衡
平」を重視して裁判機関の設置を重視する構想のすべてが盛り込ま
れていた［船尾 2000 : 114］。また，理事会の構成については，戦勝
国である大国が**常任理事国**となったほか，中小国を想定した**非常任**

理事国の二本立てとなった。

　ここで特筆しておかなければならないのは，アメリカの不参加である。先にも述べたように，ウィルソンは「大小すべての国の政治的な独立および領土の保全を相互に保証するため，特別の盟約による諸国の一般的な組織体が創設されなければならない」*⁾ことを国際連盟設立の要諦と考えていた。しかし，この考えを反映した国際連盟規約10条を根拠にアメリカが自国の利害のない戦争に巻き込まれるのではないか，伝統的な**モンロー主義**（対ヨーロッパ不干渉政策）に反するのではないか，という批判を受けることになった。そこでウィルソンは，国際連盟への加盟がモンロー主義など一定の地域的了解で平和の確保を目的とするものには影響を及ぼさない，とする修正案を提出した（国際連盟規約21条）。それでも，アメリカ連邦議会（上院）では，批准に必要な3分の2の多数決が得られなかったのである。すでに世界一の工業国で政治大国にもなりつつあったアメリカの不参加により，ウィルソンの理想とは異なり，国際連盟は当初からヨーロッパ（特にイギリス，フランス）と日本を中心に活動を開始することとなった。とはいえ，20年代にはラテンアメリカ情勢，30年代には当時の日中関係を受けて東アジア情勢にも関わるようになったという意味で，国際連盟は一定の地理的普遍性（universality）を備えるようになった［帶谷 2019］。

■ 事務局の存在

　国際連盟で特筆すべきは，事務局あるいは事務局長の強化・存在であろう。従来の国際行政連合の事務局が単に会議の開催の補助的任務や加盟国への情報伝達といった間接的な任務に留まっていたの

＊）ただし，実際の規約10条は，「聯盟国ハ，聯盟各国ノ領土保全及現在ノ政治的独立ヲ尊重シ，且外部ノ侵略ニ対シ之ヲ擁護スルコトヲ約ス」（傍点筆者）に修正されている。

に対し，国際連盟規約 6 条 4 項では「事務総長ハ聯盟総会及聯盟理事会ノ一切ノ会議ニ於テ，其ノ資格ニテ行動ス」と規定された。同条 2 項によって，初代事務総長に任命されたのが，イギリス人外交官**エリック・ドラモンド**である。

　今日，国際機構の職員は，一般に「**国際公務員**」と呼ばれる。この国際公務員制度（人事・給与など）は，ドラモンドが母国イギリスの制度を基礎に築いたものである。とくに 1921 年に提出された「**ノーブルメール報告書**」は，今日の国連関連機関でも適用されている諸原則を定めている［黒神 2006：17］。職員の任務は，基本的には加盟国によって開催される各種の会議の補佐であるが，国際行政連合時代の事務局以上の自立性を持ち，次第に「専門家集団」化し，加盟国に対して政策の提案を行ったりするようになっていく。

4　国際連盟から国際連合へ

■ 第二次世界大戦における「連合国」の形成

　1930 年代に国際連盟体制の崩壊が決定づけられ，1939 年 9 月，ドイツによるポーランド侵攻によってヨーロッパで第二次世界大戦が始まった際，その戦後に，果たして国際連盟同様の国際機構が必要であるかどうか，当初は具体的な意見の一致はなかった。開戦当時，対ドイツ戦を戦うヨーロッパ側のリーダーはイギリスであったが，ドイツがソ連にも侵攻を開始すると，イギリスとソ連が手を組み，さらにアメリカの協力を得ることが外交方針となった［細谷 2010a：4-5］。その契機が，1941 年 8 月の「**英米共同宣言（大西洋憲章）**」である（同年 12 月の真珠湾攻撃に伴うアメリカ参戦前である）。同宣言は，第二次世界大戦後の国際秩序についてのイギリス・アメリカ間での青写真を描いた文書であり，国際機構の設立については，8 項で「一層広範かつ恒久的な一般的安全保障〔の〕確立」とある

表 2-2　大西洋憲章のポイント

---

① 英米の領土拡大意図の否定
② 領土変更における人民の意思の尊重
③ 政府形態の選択の自由
④ 自由貿易の拡大
⑤ 世界規模での経済協力
⑥ 恐怖と欠乏からの自由
⑦ 海洋における航海の自由
⑧ 一般的安全保障システムの構築と軍縮

〔出典〕筆者作成

以上のことは書かれていないものの，当時のイギリス・アメリカの認識を知る上で重要な文書であり，その要点は［表 2-2］の通りである。

　ところで，仮に国際連盟に代わる国際機構を設立する場合でも，イギリス，アメリカ，ソ連そして中国が中心になるにせよ，国際連盟のような普遍的な機構を目指すのか，それとも，複数の地域機構と四大国中心の「最高評議会（The Supreme Council）」を組み合わせたものにするのかについても，イギリス・アメリカ間で，また，それぞれの政府内部においても意見の対立が見られた。最終的に普遍主義的戦後国際機構体制の確立という方向性がアメリカ政府の中で固まるのは，1943 年 8 月であり，同年 10 月の**モスクワ外相会議**で共通の構想となった［細谷 2013：91-128，とくに 117-121］。

　ところで，United Nations という表現は，本来，日本，ドイツ，イタリアからなる**枢軸国**（the Axis Powers）と対抗する「連合国」という意味で用いられはじめた用語である。United Nations は，本来，イギリスはアメリカ，ソ連との協力関係を「大同盟（the Great Alliance）」と名付けたかったのだが，アメリカ側の事情で実現しなかったという事情による［細谷 2010a および b］。それは，建国の際の経

緯もあり，アメリカはヨーロッパ諸国と「同盟（Alliance）」を組む
ことを控えてきたからだった。第一次世界大戦中や国際連盟規約を
含むベルサイユ講和条約に見られる「主タル同盟及聯合国（the Prin-
cipal Allied and Associated Powers：PAAP）」の「聯合国（本来なら協力
国）」がアメリカを指したのも同じ理由である。そこで結局，associ-
ate（協力）よりは緊密な響きを持つ「連合（united）」が用いられた
のである。

　そのような意味での「連合国」は，アメリカの参戦（1941 年 12 月
7 日〔現地時刻〕）の直後の産物であり，翌年 1 月 1 日の「連合国宣言
（The Declaration of the United Nations）」で初めて公式に用いられた。
これは，イギリス，アメリカおよびソ連と共に枢軸国と戦うことと，
枢軸国と単独の休戦や講和を行わないことを約すものであり，その
後の国連設立には直接には関わってこないが，大西洋憲章を支持す
る民主主義国家陣営の形成を意味する。このような経緯も踏まえ，
連合国による戦後国際機構構想は，時に The United Nations Orga-
nization（連合国機構）として，「連合国」そのものとは区別されるこ
ととなった（なお，フランス語では，今日でも国際機構としての国連の正
式名称は l'Organisation des Nations Unies〔l'ONU〕であるし，中国語でも
「联合国」である）。なお，誰が日本語訳として「連合国機構」では
なく「国際連合」を充てたか定かではない。1947 年に出版された
横田喜三郎の『国際聯合の研究』〔横田 1947〕や田岡良一の『國際
連合憲章の研究』〔田岡 1949a〕に見られるように，戦後間もなくか
ら，この訳語が定着していたようである*）。

■ 一般的国際機構としての国連の設立

　イギリス，アメリカ，ソ連，そして中国（1943 年 10 月のモスクワ

---

*）〔横田 1947：57〕は，国際機構としての The United Nations を国際連合と訳すの
　が「適当であらう」とするものの理由には触れていない。

外相会議から参加）による戦後国際秩序構想は，1944 年の**ダンバート
ン・オークス会談**（イギリス，アメリカ，ソ連の間で 8 月 21 日から 9 月
28 日まで開催され，その後イギリス，アメリカ，中国の間で翌 29 日から 7
日まで開催）において大枠が決定される（「一般的国際機構の設立に関す
るダンバートン・オークス提案」と呼ばれる）。すなわち，国際連盟より
も強力な集団安全保障機能を 11 カ国（現在では 15 カ国）からなる安
全保障理事会に与え，総会よりも優越的地位を与えることを中心と
した国連構想である。ただし，この時点では数に劣るソ連に，ソ連
を構成する全共和国（16 共和国）の加盟を認めるか，また拒否権の
範囲をどうするかについては合意できなかった。

　これらの問題に決着がついたのは，1945 年 2 月 4 日から 11 日ま
で黒海のほとり，クリミア半島で行われた**ヤルタ会談**の席上であっ
た。当時，ドイツの敗北は決定的であり，日本への空襲も本格化し
ていた。しかし，ドイツ軍の反撃や日本との決戦もあって，アメリ
カもイギリスもソ連からの支援を欲していた時期にあたる。それも
あって，イギリス・アメリカともソ連に対して妥協的な態度を示し
（ソ連も構成共和国の加盟問題でウクライナと白ロシア〔現，ベラルーシ〕
のみに留めるという妥協を示した），3 カ国の外務大臣によって署名さ
れたヤルタ協定では，ダンバートン・オークス草案 6 章 C（現在の
国連憲章 27 条）について安保理の議事を手続き事項と非手続き事項
に分け，後者については常任理事国の拒否権を認める，という妥協
が成立した。なお，日本との関係では，「**ソ連の対日参戦に関する
協定〔ヤルタ秘密協定〕**」が合意され，日露戦争によって侵害された
ロシアの権利の回復，千島列島のソ連への引き渡しが決められた。
ヤルタ会談は，国連の姿を決める会談であったと同時に，戦後ヨー
ロッパの分割を決める会談でもあった。また，三首脳はソ連の対日
参戦に関する秘密協定にも合意している。いいかえれば，国際平和
機構としての国連は，イギリス・アメリカ・ソ連が第二次世界大戦

後も覇権国として振る舞うことを前提とした会議の文脈でその骨格が決められたのである［コント 2009，茂田ほか 2022］。

ダンバートン・オークス会談やヤルタ会談を通じて合意された，国際連盟と比して「強化された」国連の特徴は，次の四点に集約されよう。

> 1）従来の理事会を安全保障理事会（安保理）とし，イギリス・アメリカ・ソ連・中国に加えフランスを含めた5カ国とし，彼らに拒否権を認めたこと。
> 2）経済制裁に加え，安保理自身による軍事的強制措置（軍事制裁）をも可能とし，いったんそれらが発動されれば，すべての加盟国に実施義務が課されるようになったこと。
> 3）さらに経済社会理事会と信託統治理事会を設置したこと。
> 4）総会および各理事会の意思決定を多数決制としたこと。

ブライアリーは，国際連盟を単一の組織体ではなく，加盟国の単なる集合体と見ていたし，国連についても「どうあがいても機能する可能性のないシステム」と酷評していた［Brierly 1947：7］。これに対し，ハリー・ヒンズリーは，国際連盟についてはともかく，国連についてはブライアリーの見解を批判し，「国連の機構は連盟機構とは異なり，機構が有する各部局の統合体以上のもの，つまり固有の諸機関を持ち，各加盟国の存在論的実体とは別の機能を有する機構として設立された」という［ヒンズリー 2015：509-510］。いずれの見解が正しいのか。意外にも国連設立直後に，その結論らしきものが明らかとなることになる。

■ サンフランシスコ会議での攻防

国連を設立する**サンフランシスコ会議**の開催も，ヤルタ会談最終

日の 3 カ国首脳の共同声明とヤルタ協定とで決定された事項であった。そして，1945 年 4 月 25 日，50 カ国がサンフランシスコに集まり，国連憲章を採択するための「**国際機構に関する連合国会議**」が開催された。

　サンフランシスコ会議で問題となった点を一言でいうなら，「大国と中小国」の関係，あるいは，「安保理と総会の権限関係」である。国連憲章がこれまでイギリス・アメリカ・ソ連を中心に起草されてきたという経緯を考えれば当然である。現行の憲章 12 条 1 項は，「安全保障理事会がこの憲章によって与えられた任務をいずれかの紛争又は事態について遂行している間は，総会は，安全保障理事会が要請しない限り，この紛争又は事態について，いかなる勧告もしてはならない」と規定している。安保理の総会に対する優位を定めた規定であるが，この草案に対してはニュージーランドとオーストラリアが総会の権限の拡張を提案し，とりわけニュージーランドは，強制行動をとるための決定には総会の同意を必要とする，という過激な修正案を出した［加藤 2000：93］。もちろん，五大国は反対したが，代わりに，総会の権限として「この憲章の範囲内にある問題若しくは事項又はこの憲章に規定する機関の権限及び任務に関する問題若しくは事項を討議し，並びに，第 12 条に規定する場合を除く外，このような問題又は事項について国際連合加盟国若しくは安全保障理事会又はこの両者に対して勧告をすることができる」ことを認めるに至った。サンフランシスコ会議で安保理と総会の権限関係が論点になったということは，大国と中小国の関係がベルサイユ講和会議の時代から変化したということを意味する。戦間期を通して，イギリス帝国の下で自治領（ドミニオン）であったオーストラリアやカナダは独立性を強めたし，新たに独立した国家も存在する。第二次世界大戦と国連設立を通じて，大国が主導する伝統的な国際秩序とは異なる，新たな国際秩序の構築が模索されるようになったので

ある。

　また，拒否権の存在についても，当然，五大国以外は反対であった。主権平等に反するという原則論もあったが，五大国自身が紛争の当事国である場合にも拒否権を行使し得る，いいかえれば，五大国に対しては制裁が課されない，ということへの不満が強かった。ただ，五大国のいずれかに対して制裁を課すということは，究極的には新たな世界大戦を引き起こすことにつながる。詳細は第 4 章に譲るが，集団安全保障の限界である。

■ 国連と国連システムの誕生

　かくして国連が設立されたわけだが，国連を巡るもう一つの特徴として，国連システムと呼ばれる普遍的国際機構のネットワークが同時に生まれた。厳密には，国連とその憲章 57，63，65 条の下で「**専門機関**（specialized agency）」として，国連と連携協定を結び，経済社会理事会に定期報告を行う，「経済的，社会的，文化的，教育的及び保健的分野」を中心とし，「広い国際責任を有する」国際機構のネットワークを指す。ただし，今日では国連のホームページなどを見ると，総会・安保理・経社理の補助機関（下部機関，各種委員会）やさらには事務局の内部部局も「国連システム」として紹介されている。また，専門機関ではないが，国連の活動に深い関わりのある八つの国際機構（国際刑事裁判所を含む）も関連機関（Related Organizations）として，システム図に載せられている［表 2-3］。

　国際連盟規約でも，既存の国際行政連合を念頭にそれらを国際連盟の指揮下に置くことが予定されたが失敗に終わった。これに対し，ITU や UPU など，新たに国連との連携協定を結んで専門機関となったものもある。また，国連の専門機関となることを前提として，国連設立後に創設された国際機構もある。

表 2-3 「国連システム」の概要

国際連合

〔主要機関〕
- ●総会
- ●安全保障理事会
- ●経済社会理事会
- ●信託統治理事会
- ●事務局
- ●国際司法裁判所

専門機関〔略称〕(設立年)

国連食糧農業機関〔FAO〕(1945 年)　　万国郵便連合〔UPU〕(1948 年*)

国際民間航空機関〔ICAO〕(1947 年)　　世界保健機関〔WHO〕(1946 年)

国際農業開発基金〔IFAD〕(1977 年)　　世界知的所有権機関〔WIPO〕(1967 年)

国際労働機関〔ILO〕(1946 年*)　　　世界気象機関〔WMO〕(1950 年)

国際通貨基金〔IMF〕(1945 年)　　　　世界銀行〔WB グループ〕

国際海事機構〔IMO〕(1958 年, 82 年　　　国際復興開発銀行〔IBRD〕(1944 年)

改称)　　　　　　　　　　　　　　　国際開発協会〔IDA〕(1960 年)

国際電気通信機関〔ITU〕(1947 年**)　　国際金融公社〔IFC〕(1956 年)

国連教育科学文化機関〔UNESCO〕　　　(国際投資紛争解決センター〔ICSID〕

(1945 年)　　　　　　　　　　　　　(1966 年))

国連工業開発機関〔UNIDO〕(1985 年*)　(多数国間投資保証機関〔MIGA〕

世界観光機関〔UNWTO〕(1946 年)　　　1988 年)

関連機関〔略称〕(設立年)

包括的核実験禁止条約機関準備委員会〔CTBTO〕(1996 年)

国際原子力機関〔IAEA〕(1957 年)

国際刑事裁判所〔ICC〕(2002 年)

国際移住機関〔IOM〕(1989 年)

国際海底機構〔ISA〕(1994 年)

国際海洋裁判所〔ITLOS〕(1994 年)

化学兵器禁止機関〔OPCW〕(1997 年)

世界貿易機関〔WTO〕(1995 年)

*：国連の専門機関となった年

**：前身となる国際行政連合が統合し，国連の専門機関となった年

〔出典〕筆者作成

第 **3** 章 — 現代国際社会における国際機構

本章のポイント

国際機構の出現の契機は，19世紀ヨーロッパであった。ここでは，当時の国際社会の構造を概観した上で，国際社会の組織化を巡る歴史的な認識と組織化の具体例について検討する。国際機構論と呼ばれる学問分野が持つ歴史的・思想的な背景ともいえる。アナーキー（無秩序）ともいわれる国際社会が組織化を通じて秩序を構築していった要因を考えてみたい。

1 国際社会の特徴と国際機構

■ 国際社会のイメージ

「国際社会」というと，全世界が国境によって区切られ，南極を除くすべての陸地がいずれかの国の領土となっている地図や地球儀を思い浮かべる人が多いかもしれない。しかし，そのような国際社会像が定着するのは，20世紀半ばに多くの植民地が独立してからのことである。従来の国際社会とは，ヨーロッパやアメリカ合衆国を頂点とした階層的な社会であった。19世紀の法学者**ジェームズ・ロ**

図 3-1　ロリマーの国際社会観　　　図 3-2　階層性が否定された
　　　　　　　　　　　　　　　　　　　　　　　「普遍的」国際社会

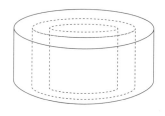

〔出典〕筆者作成　　　　　　　　　　　　〔出典〕筆者作成

　リマーは，世界を「**文明**」・「**野蛮**」・「**未開**」に分けた上で，詳細な
国際政府構想を公表し，大国（＝文明国）中心の国際的な立法府・執
行府・裁判所・常備軍の設立を唱えた［Lorimer 1884, 2 : 197-216］。
このようなヨーロッパの大国中心の国際社会観は決してロリマーに
限ったことではなく，ヨーロッパが「文明の中心」であるという認
識は当然視されていた。

　このような国際社会観を図示したのが［図 3-1］である。このよ
うな階層性は，少なくとも現在では国際法的には否定され，［図 3-2］
のような構造であることになっている。しかし，さまざまな意味で
の国力や国際社会での発言力の差異や，先進国・途上国という現実
の区別を考えたら，かつての階層性が全く消えたわけでもなく，い
まだに国際社会の「見えない壁（［図 3-2］の中の点線）」があるとも
いえ，環境や開発，保健・衛生，平和維持や平和構築の分野ではこ
の「見えない壁」が問題になることもある。

　歴史的にみて，［図 3-1］から［図 3-2］に国際社会の構造が変化
したのは，おおむね 19 世紀末から 20 世紀半ばにかけてであり，こ
れは国際社会の組織化の深化・拡大の過程とも深くかかわっている。
国際社会の組織化は 19 世紀初頭に文明社会としてのヨーロッパに

始まり，19世紀末に「野蛮」とされた諸国も参加するようになり，さらに第二次世界大戦後，相次いで独立を達成した旧植民地諸国（「未開」グループ）も，組織化された国際社会に参加するようになったのである。その意味で，国際社会の組織化の歴史はヨーロッパ国際社会の地理的拡大（普遍化）の歴史であり，国際社会の非ヨーロッパ中心化ともいえるのである [Bull and Watson 1984]。

■ ヨーロッパ主権国家体系の成立とその変容

　ヨーロッパという政治的空間認識がいつ成立したか，という問題はいったん措くとして，中世においては，すでに教皇，国王，封建領主などからなるヨーロッパが存在していたことは確かである。ただそれは恒常的なものではなく，戦争を契機として生まれ，和平と共に消滅するものであったとされる。そのようなヨーロッパ意識が何を契機に，今日の国際社会の範型としての地位を占めることになったのかについて，さしあたり次の四つの要因が浮かび上がってくる [木畑 2005：11-14]。

　第一には，外部との関係，特にアラブ世界（オスマン帝国）との関係である。16世紀半ば以降，彼らを「他者」と認識することで，逆にヨーロッパという「我々」の認識も共有されるようになる。さらに東方に位置するアジアについても同じである [山室 2001：1]。第二に，そのようなヨーロッパが，大航海時代以降の植民地獲得を通じ，世界規模での優位性・先進性を認識するようになる。そのような認識は19世紀の帝国主義を通じて強化される。「文明・非文明」あるいは「文明・野蛮・未開」という分類や，国際連盟の委任統治にも見られる「文明化の使命」あるいは「白人の責務」という自己イメージもこの時代の産物である。

　その一方で，第三に，ヨーロッパ内部に目を移すと，そこは，引き続きとりあえずは対立の場であった。というのも，中世の分権

的・封建的な秩序の中にあって，教皇権，皇帝権，封建諸侯の権力に対する対抗概念として，国王の主権の絶対性・最高性が唱えられるようになり［久保田 2012：299］，それが 18 世紀には国際法学者**エメール・ド・ヴァッテル**の手によって国家の独立，内政不干渉を意味するようになったからである（近代国際法の成立）。そして第四が，19 世紀の「ヨーロッパ協調」である。これについてはすでに触れたので繰り返すことはしないが，「対抗しつつ協調する空間」としてのヨーロッパがここに完成するのである。

　このように考えると，ヨーロッパ協調に端を発する，国際社会の法的組織化は，それを国際機構の誕生・発展と同一視するかどうかは別として，主権国家（体系）を起点としなければ成立し得ない。それは上に述べたような歴史的経緯からもそうであるし，国際機構をはじめとする法的組織体が主権国家によって定立される国際法（条約）を通して創られるという定義からもそのような結論が導かれる。このことは国際機構論を支える一つの基盤である多国間主義も主権国家体系から離れては存在し得ないことになる。サン・ピエールの構想もキリスト教君主国を単位とするものであって，決して主権国家（体系）を崩壊させ，単一の国家（あるいは連邦）に再編するものではなかった。ただし，一般論として，多国間主義の下に設けられた制度や組織体に，主権国家以外の行為主体が参加することを排除するものではないことに注意が必要である。

■ 国際社会と国際政治の多層性と国際機構

　国際機構の存立基盤は，いうまでもなく国際社会である。では，国際社会とはどのようなものであり，国際社会の中で繰り広げられる政治，すなわち国際政治とはどのようなものであろうか。国際社会を，①**主権国家体制**，②**国際共同体**，③**世界市民主義**の三層からなるものとイメージした上で，それらが重なり合ったものと見てみ

図 3-3　国際社会のイメージ図　　　図 3-4　国際社会のイメージ分解図

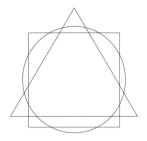

〔出典〕［中西 2003：21〕　　　　　　〔出典〕［中西 2003：22〕

　　よう［図 3-3 および 3-4］［中西 2003：21-22］。すなわち，一見すると
複雑に見える国際政治も，円のレベル，正三角形のレベル，正四角
形のレベルに分解することで理解が容易になる，というのである。
　　本書では，この二つの図を基本としながら，それぞれのレベルに
おいて国際機構が一定の存在感や役割を果たしている，という立場
を採ることにしたい。それを図示したのが［図 3-5］である。
　　歴史的にみて，この中でもっとも基本的な視点，あるいは，国際
機構論の存在意義となるのが，「国際社会イコール主権国家体制」
という構造の中での国際機構の役割の考察，という捉え方であろう。
ここでの国際機構は，「国際機構は主権国家によって設立される」
という意味でも理解できるし，「国際機構が主権国家間の関係（狭
い意味での国際政治）に影響を及ぼすことがある」という意味でも，
「国際機構が主権国家と同様に条約を締結することもある」という
意味でも理解することができる。いいかえれば，主権国家体制は決
して無秩序な世界ではなく，実際には一定の秩序が存在し，その秩
序維持のために国際機構が存在する，ということである。
　　次に「国際共同体」としての国際社会における国際機構の存在意
義は，次のように説明できる。それは，国際社会とは単なる主権国

図 3-5　国際社会の三層と国際機構の関係

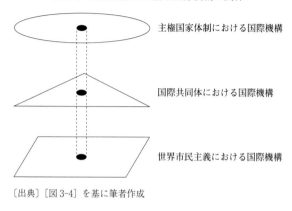

主権国家体制における国際機構

国際共同体における国際機構

世界市民主義における国際機構

〔出典〕〔図 3-4〕を基に筆者作成

家体制における規範とは異なる理念・ルール・規範が共有された社会であり，その実現に向けて国際機構が存在する，というイメージである。国際機構が一定の目的実現のために設立される，という国際機構の定義と最も親和的なイメージともいえよう。しかも，このレベルでは主権国家に加えて，序章でも触れたように NGO や個人といった存在も国際共同体の運営に参画する。後に触れるように，機能主義やグローバル・ガバナンス論と呼ばれる考え方では，国際社会を単に主権国家体制と捉えるのではなく，主権国家を基本的な構成員とする国際社会であっても，国際機構を含む多様な主体（アクター）が国際社会の理念・ルール・規範の形成と実施（実現）に関与している，という立場を採る。その結果として，主権国家の「主権性」は相対的に後退することになる。

　では，世界市民主義レベルでの国際機構の存在意義は何であろうか。仮に世界政府（世界連邦）の形成による共同体の完成を世界市民主義というなら，それは実現していない。しかし，貧困削減とか難民支援といった，主権国家の枠を超えて個人の尊厳の確保や福祉の

実現に向けたさまざまな活動と捉えれば，国際機構は市民レベルでの啓蒙・啓発を通じ，たとえ擬似的にではあれ，世界市民主義的なる意識の涵養に努めている，と考えることはできる。ただし，近年の移民・難民問題を巡っては，共存を目指す世界市民主義よりも厳格な管理を志向する主権国家体制レベルでの対応が目立つようになり，世界市民主義とは対極の内向きなナショナリズムが台頭している。現実においては，国際機構も第一のレベルかせいぜい第二のレベルでしか役割を果たせていないということである。

　本章冒頭に示した二つの国際社会に対するイメージは，いずれも「主権国家体制から世界市民社会へ」，あるいは，「帝国主義の時代から平等な普遍的国際社会へ」という直線的な変化を主張するものではない。むしろ中西が指摘するように，国際政治の三つの位相の間では規範の衝突があるのが現実である［中西 2003：25］。現実の国際社会なり国際政治を観察すると，さまざまな見方ができ，さまざまな秩序観を抱くことができるということを意味しているだけである。古典的な区分に従えば，**現実主義者**は国際政治を主権国家体制中心の均衡を中心に認識・説明するであろうし，**自由主義者**は協調や共同体意識を強調するだろう。また，**世界市民主義**の立場から現実の国際社会のあり方の変更を迫る運動論も存在する。それらはすべて現実社会に対する「認識」の問題であって，「事実（現実）」そのものではない。それでも今日の国際社会が「第一のレベル（主権国家体制）」に留まらず，なぜ少なくとも「第二のレベル（国際共同体）」が出現したのかを考えてみたい。

■ 主権国家関係における領域性原理と機能性原理

　主権国家体制の本質は，主権の及ぶ空間的範囲を国境によって限界づけ，その範囲内の統治権をそれぞれの君主（主権者）に委ねるということである。宗教改革から三十年戦争を経験したヨーロッパは，

「君主の属するところに宗教も属する」という原則を徐々に確立させ，少なくとも平時においては，宗教上の事柄を中心に他国の内政に干渉しないことを，消極的な平和維持手段として規範化したのである。その後，この内政不干渉と，国の大小に関係なく国家である限り平等であるという主権平等原則とが結びついて近代国際法の基本原則となる。主権国家体制とは，国境によって区切られた空間（陸地，水域，空という三次元的構成）に対して，中央権力が排他的に支配を及ぼす国家が並存する体制であり，これを**領域性原理**と呼ぶ。

　しかし，人の移動や貿易などの商業活動は，国境内で完結するとは限らない。国境を越える活動が活発になれば，各国は行政分野を中心にネットワークを構築し，さまざまな方法による協力を必要とするようになった。それが，**機能性原理**の原点であった。国家間でそのような気運が生まれ，国際行政連合が誕生するのは 19 世紀に入ってからであり，具体的にどのような国際行政連合が設立されたかは［表1-1］に示した通りである。ここでは国際行政連合誕生の学問上のインパクトに触れることで「機能性原理」について深く見ておきたい。

　19 世紀における国際協力の実態を分析したものとしてラインシュの他にレナード・ウルフによる『国際統治論』*）[Woolf 1916] がある。ウルフが同書を著した最大の目的は国家間の行政的な協力をいかに戦争防止に結びつけるか，ということにあり，国際行政連合への言及は，あくまでも過去の協力の実例を挙げることにあった。他方でラインシュは，外交官として駐中華民国アメリカ公使を務めた一方で，アメリカの初期国際法学者であり，ウルフに比べれば国

＊）原題は *International Government* であり，『国際政府論』と訳することも可能であるし，実際，同書の第Ⅲ編には国際連盟規約草案に相当する条文案が載せられている（ただし，それはウルフ自身の手によるものではない）。しかし，government という語は，「統治」「政府」のどちらの意味もあるので，ここでは「統治」を採る。今日でも同書に触れる日本語文献は多いが「統治」「政府」の双方が混在している。

際行政連合に対する実証的・理論的研究の色合いが強い。しかし，両者に共通しているのは，19 世紀を通じての国際協力の進展から，**国際統治や国際行政法**という新しい現象・概念を導出したところであり，領域性原理とは異なる国家間関係としての機能性原理を論じた点である。

　こうした英米の学説の展開を受け，日本でも国際行政連合の活動を中心に，「**二国間秩序の算術的総和としての法秩序から，国際社会の一般的利益のために諸国が協同することによってはじめて維持される秩序**」［奥脇 1991：173］への転換が学問的な関心を呼ぶことになった。初期の学説としては，政治学の分野で蠟山政道による国際統治論［蠟山 1928］，国際法学での横田喜三郎の国際組織法理論［横田 1949］を挙げることができる。ここでは，それらに共通する「**国際社会の共通利益**」概念（国際的公役務や国際公益とも呼ばれる）について整理しておきたい。

　各国が行政を通じて達成すべき目標やその程度は，各国の関心や行政能力によって異なるから，共通利益の存在といっても，各国がその存在を同時に同程度に認識したり，何が共通利益であるかについて各国が予め合意したりしているわけではないし，その必要もない。特定国の個別的な利益や関心事項であっても，関係諸国に対する説得に成功すれば，特定国の関心事項も関係国の共通利益とみなされる。第 1 章で紹介した国際河川委員会にせよ，国際行政連合にせよ，そして今日の国際機構にせよ，それらが多数国間条約を通して設立されたということ（そしてそれが現在の国際機構の定義の一つに加えられているということ）は，単なる形式の問題ではなく，ある事項について強い利害を有する国が，その特定事項を諸国にとっても共通の関心事項であることを承認（合意）させたことを証明する重要な証拠であり，すぐれて実体的な理由に基づくものである。これを通じて抽象的な意味での共通利益は，国際（行政）法によって，

また条約によって設立された組織体を通じて達成されるべき国際社会の共通利益としての法的地位を獲得する。この点を別の角度から捉えると，各国の行政が条約を媒介とする関係によって結び付けられることで，少なくとも条約が形成された分野については主権国家間の関係を（法）秩序に基づく関係と捉えることが可能になる［小林 2002：8］。

■ 国際社会における国際機構の役割

国際機構は，特定の目的達成のために設立される（機能性原理）。しかし，今日の主権国家体制においては，主権国家に対して強制的・一方的に命令を下すことができる上位権力（超国家とか世界政府のようなもの）は存在しない。つまり，世界市民主義的な構造は出現していない。国際機構の中には，その決定を加盟国に強制的に受諾させる権限をもつものもあるが，それはあくまでその国際機構を設立した国家がそのような強い権限を「与えた（認めた）」に過ぎない。この点で欧州連合（EU）は，①「共同体事項」とされるものについて加盟国はEUの指令などに拘束される，②新たな加盟候補国は従前からの規制やスタンダード（アキ・コミュノテール）をすべて受け入れる義務を負う［遠藤 2012：28］，という点で特異である。

では国際機構の役割は何か。例えば，①情報の収集・分析・発信，②討論の意思決定の場の提供，③行動基準の策定，④条約案の作成，⑤資源の配分，技術支援や救援活動，部隊の展開といった具体的活動，⑥知識の創造，という整理がある［Karns *et al.* 2015：27］。またブルース・ラセットは，①規範逸脱国家の矯正機能，②紛争当事者間の調停機能，③情報共有による不確実性の低減化機能，④国際問題の解決機能，⑤国際社会および国際規範形成の機能，⑥共通アイデンティティの創造機能，を挙げる［Russet 1998：444-446，吉川 2015：368］。

表 3-1　国際機構の役割

① 整　序	⟵⟶	破　壊
② 変更・改革	⟵⟶	現状維持
③ 誘　導	⟵⟶	放　置

〔出典〕筆者作成

　これら二つの整理の着眼点に多少の差異はあるが，要するに，①加盟国から提供された，あるいは国際機構自身が収集した情報に基づき，②問題解決のために加盟国や専門家による会議が実施され，その結論は，③条約という当事国に拘束力を伴う形で履行させるか，行動指針のような緩やかな形で加盟国等の行動を一定方向に誘導する，④問題によっては国際機構自身の活動を通じて問題の緩和・解決にあたる，ということになろう。これは一回限りのプロセスではなく，国際機構からの情報発信を通じて国際世論が喚起され，注目を浴びる国際的な問題については，国際機構と加盟国は①～④を繰り返すことになり，それを通じて国際共同体という認識が深まる。

　このことを少し異なる角度から整理したのが〔表 3-1〕である。国際機構を含む国際的組織体には，三つの異なる役割があり，それは国際社会にプラスの影響を及ぼすことも，マイナスの作用を及ぼすこともある。まず①「**整序**」とは，何も存在しなかったところに何らかの秩序を創出することである。国際機構の新設も整序であるし，その国際機構の中で主権国家の恣意的な行動を制限する行動原理を設定することもここに入る。反対概念としては「**破壊**」と名付けることができるだろう。②「**変更・改革**」とは，既存のものに手を加え，国際機構なり主権国家の行動や発想をより時代に即したものへと作り替えることであり，組織改革や設立基本文書の柔軟な解釈がそれに該当する。これに対する逆の方向性としては「**現状維持**」となろう。③「**誘導**」とは自己や他者の認識を一定の望ましい方向

に向かわせることであり，国際機構を通じた紛争解決がその代表例であり，その逆は「放置」となる。

　ただし，この分類自身には価値的な意味は含んでおらず，その判断は当事者によってさまざまに変わり得る。例えば，複数の非民主的で独裁的な国家がその体制を維持するために国際機構を創設することは，彼ら自身にとっては「整序」であっても，他の民主的国家からすれば民主的な国際体制の「破壊」と理解されるであろうし，**非軍事的強制措置**（経済制裁）を規定した国連憲章 41 条の柔軟な解釈によって制裁（不利益）を被る国からすれば，「現状維持」や「放置」の方が望ましいことになる。満洲事変解決のためのリットン調査団報告書は，それなりに日本の利益に配慮した「誘導」的なものであったにもかかわらず，日本は特殊権益を主張して「放置」を望んだばかりか，国際連盟脱退によって，日本自身の，また，国際連盟体制（の一部）の「破壊」をもたらす結果を招いた（しかも，同様に国際連盟体制の「破壊」を試みたイタリアやドイツと同盟を組んだし，日本は「東亜新秩序」という独自の「整序」をも試みた）。

　2016 年 6 月 23 日の国民投票で EU 離脱派が勝利したイギリスの場合も，同様の説明が可能である。2015 年現在で EU への純拠出額がドイツ，フランスについで第 3 位であったイギリスが実際に脱退することになれば，それは EU の（部分的）破壊をもたらす。他方，離脱派イギリス国民の主張は，EU が整序や変更・改革として作成する規制類が厳格過ぎ，また，EU への純拠出額に比して EU から受ける恩恵が小さいというものであったから，EU 離脱は離脱派にとってはイギリスの国家主権（特にイングランド議会の立法権）の再整序であり，さらに，ヨーロッパ全体を再整序させる意味を持つ。いずれにせよ，国家と国際機構の関係は一方的・固定的なものではなく，双方向的・流動的なものであり，相互の働きかけを通じて国際社会に動態性（ダイナミズム）を与えるものなのである。

■ 場 (forum, arena) と主体 (actor)

　先にも述べたように，国際的な組織体（初期においては国際河川委員会や国際行政連合，後には国際機構）は，法秩序に基づく国際的な共同体を形成することになる。そのような組織体は，国際関係においてどのような存在なのだろうか。結論から先にいえば，まずそれらは，主権国家間相互の利害調整の「場（forum, arena）」を提供する。国際行政連合の究極の目的は多国間での会議を通じた条約作成であったから，あくまでも主権国家に条約交渉を行わせる「**会議場**（あるいは単に「場」）」であって，個々の国際行政連合自身が各国の主権を超えて行政権を行使するものではない。しかし同時に，国際河川委員会に見られたように，沿河国の管轄権を制限し，非沿河国の船舶の自由航行を許し，さらに河川の管理については一定の（執行）権限を有する場合もあった。委員会の権限自体は加盟国間の会議（すなわち「場」）を通じてその内容が決定されるにせよ，ひとたび権限が画定されれば，委員会自身が河川の管理等について直接権限を及ぼす「**主体**」としての役割も持つようになる。

　ただし，国際機構が独立した主体だとしても，主体としての行動範囲は，加盟国が会議場としての国際機構を通じて決定していく。加盟国の間に国際機構の目的を達成させるための協力・協調関係が存在しなければ，主体としての国際機構が国際社会の中での存在意義を発揮できないことになる。

2　グローバル・ガバナンスとの関係

■ 国際社会の非アナーキー性

　前節で見たように，国際社会を単なる主権国家体制と捉えるならともかく，条約を通して一定の秩序が存在する共同体としての側面

図 3-6　20 世紀における国際機構と NGO の量的変化

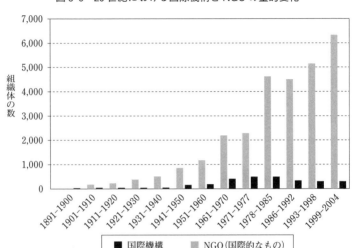

〔出典〕〔Karns *et al.* 2015 : 85〕を基に筆者修正

も併せ持つことが歴史的にも実体的にも明らかになった。その根拠となったのが，19 世紀における国家間関係の行政的（技術的）側面での協力の必要性（相互依存関係）の出現と発展である。そのような現実が国際行政連合を生んだし，さらには国境を越える企業間や団体間の結びつきを生んだ。

　20 世紀に入ると，序章冒頭に示したような意味での国際機構の出現を見ることになるが，〔図 3-6〕からも明らかなように，政府間の国際機構より NGO の数の増加の方が顕著であり，むしろ政府間国際機構の数は減少しているようにも見える。

　このように政府間国際機構の数が頭打ちとなり，NGO の数が増加すれば，規範ないし標準の制定・実施過程も多様化することになる。そこに注目するのが**グローバル・ガバナンス論**であり，もしそれが現実を正確に描写しているなら，国際社会の非アナーキー性は

強まるし，結果的に国際機構論にも大きな影響を与えることになる。

■ グローバル・ガバナンスとは？

　1995年に出版された，**グローバル・ガバナンス委員会**の報告書『地球リーダーシップ：新しい世界秩序を求めて（Our Global Neighbourhood)』において，ガバナンスとは「個人と機関，私と公とが共通の問題に取り組む多くの方法の集まりである。相反する，あるいは多様な利害調整をしたり，協力的な行動をとる継続的プロセスのことである。承諾を強いる権限を与えられた公的な機関や制度に加えて，人々や機関が同意する，あるいは自らの利益に適うと認識するような非公式の申し合わせもそこには含まれる」[京都フォーラム 1995：28-29] と定義される。ここにグローバル（地球規模）という限定が付いている以上，国境を越える越境的な問題群に国際的な連携・連帯で対応するということになる。このグローバル・ガバナンス委員会の報告書を契機に，今や国内外を問わず，グローバル・ガバナンスは流行語となり，特定の国際機構やその活動をグローバル・ガバナンスと結び付けた書物や論文が巷に溢れることになった。しかし，すでに説明したように，越境的問題群は過去から存在したのであって，グローバル・ガバナンス論そのものの問題として「歴史性の軽視」[遠藤 2010：8] という批判も出されている。他方，グローバル・ガバナンスの起源を19世紀に求め，ヨーロッパ協調，ハーグ平和会議，国際連盟，国連と機能的・専門的機関を取り上げるものもある [Karns et al. 2015：77-103, 鈴木基史 2017]。このような視点からすれば，グローバル・ガバナンス（論）は，単なる新語・流行語ではなく，まさに国際社会の組織化の歴史を語る上での鍵概念でもあり，国際機構（論）を考える上でも重要となってくる。このグローバル・ガバナンス論の位置づけについては改めて第10章で考えることにするが，国際機構論とグローバル・ガバナンス論の

視点の差について，簡単に触れておきたい。

　国際機構論は伝統的に主権国家間関係の産物であり，その前身である国際河川委員会や国際行政連合も，最終的には「条約の作成と実施」という点に重点が置かれていた。これに対し，グローバル・ガバナンス論やその前身ともいえるコンストラクティビズム論も，「多様な主体による，多様な規範の多様な実現」という点に重点を置いているように思われる。すなわち，「国際規範の発展過程を『争点領域間，規範的アイディア間，制度間，ガバナンス手法間，主体間，ガバナンス・レベル間の重複，競合，補完，相乗，序列関係を軸とした複合的過程』と捉える」［西谷 2017a：7］ところにグローバル・ガバナンス論の特徴がある。このような認識は，少なくとも，初期の国際法学的国際機構論には見られない。例えば，ブライアリーは，国連総会の役割を「予算の問題を除けば，議論することと，勧告することと，研究を開始することと，他の機関からの報告を検討するだけ」［Brierly 1949：101］と理解し，例えば総会の勧告的決議が何らかの「規範」として，諸アクターによって「実施」されるとは考えていない（まして，国家以外のアクターが国家によって遵守されるべき規範を形成するとは思いもよらなかっただろう）。その意味で，グローバル・ガバナンス論は「脱・国家的」であると同時に「脱・国際機構的」でもあり得るのである。

3　機能主義の再評価？——グローバル・ガバナンスとの接点

■ 機能主義とは

　個別の機能（役割）ごとに国際機構を設立し，それがさまざまな行政分野ごとに権限を持つことを通じて，国際社会には「実際に通用する平和（working peace）」を作り出す，という主張が**機能主義**（functionalism）の要諦である。国際機構が一定の目的のために設立

されるという国際機構の定義や，また，主権国家が伝統的な領域性原理とは異なる「機能性原理」に基づく秩序の形成・維持を目的とした行動をとるようになったという歴史的事実からも，この機能主義は一定の説得力を持つ。

　このような考えを主唱したのが，デヴィッド・ミトラニーの一連の著作であるとされるが，先に挙げたラインシュやウルフの発想も機能主義に近い。彼らの発想の根底には，国際社会における秩序実現のためには政治・安全保障面での協力（国際機構の設立を含む）だけでは不十分，あるいは，限界があり，経済・社会分野といった非政治的で技術的・専門的な協力こそが平和のために不可欠である，という考えがある。ミトラニーが，第二次世界大戦中の 1943 年に出版した *A Working Peace System*（機能する平和システム）では，基本的に国際連盟や仲裁裁判を通じた平和の創造が失敗に終わったことに着目し，技術的・専門的な協力の網の目を強化することが国境線変更の必要性と願望を取り除き，平和的変更を容易にすると考えたのである［Mitrany 1943, 山田哲也 2016a］。

　この機能主義は，国際機構の定義（特に定義の②）などとも合致するものであるが，機能的「統合」論（functional integration）と呼ばれることもある。そのため，この「統合」の意味を巡って，しばしば批判の対象となり，機能主義は国際機構を巡る理論の中心を形成するには至っていない。他方で，機能主義とグローバル・ガバナンス論の問題意識には共通すると思われる部分もある。

■「統合」とは

　ミトラニーの「統合」概念への批判の一つとして，実際の国際機構が国家主権の移譲を伴うほど強い権限を持つ事例がみられない，というものがある［例えば，渡部・望月 2015：32］。すなわち「統合」を，究極的には国家主権を消滅させ，世界規模での連邦が形成され，

国際機構が世界政府として振る舞うまでの過程として捉えた上での批判である。また、ミトラニーが欧州石炭鉄鋼共同体（ECSC）を機能主義に基づく国際機構として高く評価し、ECSCがその後のヨーロッパ「統合」の契機になったことも、ミトラニーの機能主義が主権国家体制の対極にあるものとしての「統合」論と捉えられたことの一因である。

　しかし、少なくとも1943年の段階でのミトラニーの思考の本質は、民族やイデオロギーに関係なく、技術的・専門的（すなわち非政治的）な場面での協力を深化させれば、国境線の変更は必然的に無意味となり、戦争の危険性が回避される、というものであり、要は国際連盟の集団安全保障体制を批判しつつ、それ以外の方法で平和を維持するための代替策である。それはミトラニーの1943年の著作をはじめとする一連の著作で民族的な連邦主義を批判し、その代替として機能的組織体の形成を訴えていることからもみてとれる。

　ただ、「統合」を国際行政連合のときから見られた、行政分野での技術的標準化、の意味で捉えるなら、それはそれで「主権の移譲（あるいは主権行使の放棄）」であるともいえる。国際民間航空分野での国際協力にはミトラニーも強い関心を示していたことが史料的に確認できるし、現に国際民間航空機関（ICAO）を通じた技術標準の作成を通じ、例えば、旅客機の操縦士は着陸しようとしている空港がどこの国の空港であれ、同一の着陸方式で着陸することができ、その国の政治体制を気にかける必要はなく、その意味で国際民間航空では技術的な「統合」が見られる、ということもできる。

　ヨーロッパ統合においてさえ、EUが国連やその他の国際機構に比して格段に強い規制権限を有しているにせよ、依然として加盟国の集合体であり、加盟国は国家主権を有している（だからこそ、イギリスの「脱退」なのであり、もし現時点でEUが完全な主権性を有しているなら、イギリスの「分離独立」と表現する必要が出てくる）。その意味

で，ミトラニーの機能主義の現実への適用には一定の限界もあるが，「統合」をせいぜい「協力の深化，協力分野の多様化」程度の意味と理解するなら一定の説得力はある。ミトラニーの著作の補訂第4版（1946年）ではオリジナルには存在しない「序論（Introduction）」が付されている。そこには「主権の移譲」や「主権の縮小」という表現が見られるが［Mitrany 1975：128］，同時に安全保障については引き続き各国家によって担われることも記されている。それを考えれば，やはりミトラニーの統合は国際機構（彼は「新たな権威」と表現する）の設立を通じて国家主権を制限する意味で「統合」を用いているのであって，国家主権を国際機構に移譲するという意味ではないと考えられる。

＊　　　　　＊　　　　　＊

　以上，第Ⅰ部では，近代ヨーロッパ国家体系の成立から国連設立までを歴史的に辿ることを通じて，現代国際社会における国際機構の位置づけを検討した。それからも分かるように，国際社会の組織化は，決してすべての諸国が対等に組織化を目指してきたわけではない。仮に組織化を通じて平和と安定が確保されたとしても，それは戦勝国や覇権国にとっての平和だったことに注意が必要である。中央政府を持たない国際社会では，究極的には軍事力という物理的強制力を持つ一部の国々が「秩序」を生んできたのである。

　他方で，軍事力以外の要素も作用していたことは事実である。国際河川委員会はヨーロッパ協調の経済的側面であり，「安全保障と経済的繁栄の結びつき」［Schenk 2021：9］という意味があったのである。さらに産業革命に伴う19世紀の経済発展は，国境を超える経済活動の活発化によって各国間の行政的・技術的協力を促した。それを支えたのが国際行政連合である。国際社会の組織化の要因が，①戦争と平和の問題（秩序の維持）と②行政面での協力とに分けら

れるなら，1945年の国連設立はもとより，1919年の国際連盟の設立の時点で国際機構論の主要な論点は出揃っていたのである。

　第Ⅱ部では，第Ⅰ部での検討を前提にしつつ，二つの大戦を契機とする国際社会の構造的変化とそれに伴う問題を検討する。構造的変化の端緒は国際連盟が用意したものの，具体的変化は国連設立後に急速にもたらされた。それがどのように国際機構のあり方に影響したかを考えてみたい。

第 **II** 部

国際機構はどのような 活動をしているか

国家間の戦争防止
「同盟」と「集団安全保障」

第**4**章

本章で学ぶこと

1 二つの安全保障方式
2 国際連盟における集団安全保障
3 国連における集団安全保障
4 集団安全保障の変質

本章のポイント

戦争の防止は，国際社会の組織化を促した最も重要な要因である。先に見たヨーロッパ協調や，国際行政連合型のハーグ平和会議はその一例であるといえる。これに対して，本章では，国際連盟と国連を中心に「集団安全保障」を通じた戦争の防止・平和の確保について検討することにしたい。ただし，現在までのところ集団安全保障が十全に機能しているとはいえず，それ以外の方策によって補完されてきたことに注意が必要である。

1 二つの安全保障方式

■ 同盟とその限界

　国家は，他国からの侵略に対して恐怖を感じた場合，当然，自国も武装して侵略に備える。この時，自国のみでは相手に敵わないと思ったら，恐怖を共有する他国と約束を交わし，いざとなったら共に戦うことで，それぞれの安全を確保しようとする。このような約

束関係を「(軍事)同盟」という。しかし，第一次世界大戦がそうで
あったように，同盟間でいったん戦争が始まると，次々と同盟国が
巻き込まれ，戦争が大規模化する。第一次世界大戦の契機は，オー
ストリア＝ハンガリー帝国の皇位継承者であったフランツ・フェル
ディナンド大公夫妻の暗殺であるが，それが三国同盟と三国協商の
間の全面戦争となったのである。ヨーロッパでは，勝敗に関わらず，
第一次世界大戦の犠牲者を慰霊する塔や石碑，レリーフを見かける
ことが多い。それほど，彼らにとって第一次世界大戦は，平和(不
戦)の文脈で重要な節目だったのである。

　第一次世界大戦の反省から生まれたのが国際連盟であるが，それ
が失敗して第二次世界大戦を引き起こしたのは，国際連盟規約の下
での手続きの欠陥という側面もあるが，ドイツに多額の賠償を要求
したベルサイユ講和条約の一部として国際連盟が設立されたという
意味で，国際機構としての不偏性や正統性に疑問があったからだと
もいえる。しかしそれ以上に，第一次世界大戦の勝者であり，国際
連盟を設立した，アメリカ・イギリス・フランス・イタリア・日本
のうち，日本が満洲事変(1931年)を契機に，またイタリアがエチ
オピアに侵攻(1935年)と翌年の併合を契機に国際連盟を脱退した
こと，いったんは国際連盟への加盟を認められたドイツが，ヒトラ
ー政権の発足により，ベルサイユ体制を全面的に否定する政策の一
環で，すでに1933年には国際連盟を脱退していたことに理由を求
めるべきであろう。それに対し，イギリス・フランスの国内に厭戦
気分があり，また，国際連盟を通じた問題の解決に積極的ではなく，
宥和政策で凌ごうとしたという対応にも問題があった。いずれにせ
よ，国際連盟を脱退した日本・イタリア・ドイツがその後三国同盟
を結び，それに対抗するためにイギリスがアメリカの支援を仰ぎつ
つ，ソ連と手を組んだことで，国際連盟が存在しながらも軍事同盟
対抗型に似た対立の中で第二次世界大戦が発生したのである。

■ 集団安全保障とは

　1945 年までは戦争が完全には禁止されておらず，国家間の紛争処理方法として戦争が合法なものとされていた。その一方，世界全面戦争の危険性を内包する同盟を通じた安全保障の代替案とされたのが，いわゆる**集団安全保障**（collective security）である。集団安全保障とは複数の国が相互に不戦を約束し，違反国に対しては残りの国が共同で対処する，というものである。その実現には，調停や仲裁・司法裁判といった「紛争の平和的解決」方式の整備も要請され，ハーグ平和会議の大きなテーマとなった。約束違反国への対処が真に実効的であるためには，**約束違反の存在の有無**や，**いかなる措置で対処するかについての決定手続きの組織化（集権化）**が必要であり，さらにそれに参加する国，とりわけ**政治的・軍事的大国の間に協調・協力関係**が存在していることも重要な条件である。

　要は集団安全保障とは，国家間紛争の解決手段としての戦争が否定された不戦共同体としての国際社会を希求し，共同体のルールに違反した国に対しては，共同体全体の関心事として扱うという意味で，幾重にも「集団化」あるいは「共同体化」させる安全保障方式である。したがって，「集団」とは単に「複数国」という意味ではなく，国際社会すべての国家の間での戦争（武力の行使）を禁止し，それを破った場合，国際社会全体から制裁を受ける，という意味での国際社会全体としての集団性を意味する［納家 2003：12］ものである。第 3 章で取り上げた国際社会のイメージとしては第二の国際共同体に相当する。各国の軍隊を戦争目的ではなく，国内社会での「警察力」に近いものとして用いようという発想でもある。

　先にも触れたように，集団安全保障を初めて実現しようとしたのが国際連盟である。ただし，集団安全保障という語は国際連盟構想の時点では存在せず，公式に用いられるようになるのは 1924 年で

あるが，1930年代になって一般的な表現となったとされる［Yearwood 1989：132］。そして，国際連盟の失敗を受けて第二次世界大戦中に構想されたのが国連である。では，それぞれがどのような仕組み・手続きを備えていたのか，また，どのような問題点や限界を抱えていたのかについて，次節以降で見てみることにしたい。

2　国際連盟における集団安全保障

■ 国際連盟構想の特徴

　第一次世界大戦中の国際連盟構想については，すでに第2章で概観した。いずれの構想も，戦争を全面的に禁止するのではなく，戦争に至るおそれのある紛争を，いったん国際会議の場で議論するか，仲裁裁判に付すことで戦争発生の蓋然性を下げることを構想していた。国際会議の開催というのはウィーン体制を強化する形で復活させるものであり，仲裁裁判の活用はハーグ平和会議の成果を具体化させようというものである。戦争禁止ではなく，戦争発生までに一定の猶予（モラトリアム）期間を設けようというのである。ヨーロッパの従来からの外交（**旧外交**）に対し，ウィルソンらは**新外交**の確立を目指したのである。つまり，勢力均衡は有害で，国際連盟のような国際機構を通じて紛争当事国が理性的に討議すれば紛争は解決可能だと考えたのである［細谷 2012：206-207］。しかしウィルソンに理念はあっても，具体的な構想はなかった。

　むしろ，具体的な制度設計で名前を挙げるべきは，スマッツである。彼は1918年に『国際連盟：実践的提言（*The League of Nations: Some Practical Suggestions*）』という小冊子を刊行した。同書はウィルソンの目にもとまり，この小冊子を基にイギリス外務省とアメリカ国務省の間で国際連盟規約案が作成されていく。スマッツの提言で興味深いのは，彼の念頭にあったのは，アメリカのような連邦型

の組織ではなく，当時のイギリス帝国の仕組み（とりわけイギリス本国と自治領の関係）であった点である。19世紀末になると，カナダやオーストラリアのような白人植民地は自治領（ドミニオン）として半ば独立した地位を与えられつつ，戦争など帝国全体に関わる問題については「王冠への共通の忠誠」に従う，という緩やかな関係が成立していた。この「緩やかさ」が国際連盟のその後の帰趨にどのような影響を与えたかは後に見ることにして，1919年に合意された国際連盟規約の具体的条文に触れながら，どのように平和を保障しようとしたかを概観してみよう。

■ 国際連盟規約の特徴

　前文と26カ条からなる国際連盟規約において，集団安全保障と紛争の平和的解決に関する具体的な規定は，10条から17条に置かれている。

　前文の冒頭で「締約国ハ戦争ニ訴ヘサルノ義務ヲ受諾シ」とあるが，規約はすべての戦争を禁止したわけではなかった。10条はウィルソンの『14カ条』の精神を踏襲しつつ，「聯盟国ハ，聯盟各国ノ領土保全及現在ノ政治的独立ヲ尊重シ，且外部ノ侵略ニ対シ之ヲ擁護スルコトヲ約ス。右侵略ノ場合又ハ其ノ脅威若ハ危険アル場合ニ於テハ，聯盟理事会ハ，本条ノ義務ヲ履行スヘキ手段ヲ具申スヘシ」とし，さらに11条1項では「戦争又ハ戦争ノ脅威ハ，聯盟国ノ何レカニ直接ノ影響アルト否トヲ問ハス総テ聯盟全体ノ利害関係事項タルコトヲ茲ニ声明ス」として，不戦共同体としての体裁を整えているかのように見える。しかし，16条によれば，禁止される戦争は次の三つでしかない。

　① 12条に基づく紛争の平和的解決を経ずに行われるか，平和的解決のための仲裁裁判・司法裁判の判決や連盟理事会の報

　　　告後3カ月を経ずに開始される戦争

②　13条に基づく裁判所の判決に服する国に対する戦争

③　15条に基づく連盟理事会の報告書の勧告に応ずる国に対す
　　る戦争

　16条1項は，これらの規定を「無視シテ戦争ニ訴ヘタル聯盟国ハ，
当然他ノ総テノ聯盟国ニ対シ戦争行為ヲ為シタルモノ」とみなされ，
通商・金融関係の断絶，すなわち経済制裁の対象となることを規定
した。しかも，国際連盟に加盟していない国についても制裁に参加
することが期待された。他方で，制裁発動の際の理事会の役割は限
定的で，「聯盟理事会ハ，前項ノ場合ニ於テ聯盟ノ約束擁護ノ為使
用スヘキ兵力ニ対スル聯盟各国ノ陸海又ハ空軍ノ分担程度ヲ関係各
国政府ニ提案スル義務アルモノトス」（同条2項）とのみ記されてい
る。すなわち，1項に基づく経済制裁の実施においては，理事会の
決定などは必要とされていない。解釈上，違反国はすべての加盟国
に「当然，……戦争行為ヲ為シタ」ことになるからである。そうな
ると違反国の友好国や，違反国との貿易関係に大きく依存する国は
経済制裁の発動を躊躇うことになる。この条文の欠陥は国際連盟設
立当初から大きく取り上げられ，早くも1921年の第2回総会では
16条修正案が採択された。しかし，十分な批准国数が得られなか
ったため，16条そのものの修正は行われなかったが，同時に採択
された**「経済的武器に関する決議（1921年決議）」**の中で，当分の間
の16条の適用方針として，全19項の決議が採択された。その中に
は，「違法国の一方的行為は，戦争状態を生じるものではなくて，
ただ他の連盟国に，違法国に向かって戦争行為に訴え，または戦争
を宣言する自由を与えるに過ぎない」（3項）とか，「規約の違反が
なされたか否かを決定するのは連盟国おのおのの権限である」（4
項前段）とか，経済制裁を厳格に実施するための海上封鎖等の措置

をとることは「特殊な場合」(18 項) といった項目が含まれている。そのため，この 1921 年決議を「第 16 条適用の細目を定めるような形をとっているが，実は第 16 条を破壊しようとしているもの」であったという批判もある［田岡 1949b：314-315］。そもそも国際連盟規約は加盟国の権利義務を規定した条文が多い。この点について，ブライアリーは，「『連盟はそれ (it) ではなく彼ら (they) である』という考え方は正しい」と述べるとともに，11 条が「仍テ聯盟ハ，国際ノ平和ヲ擁護スル為適当且有効ト認ムル措置ヲ執ルヘキモノトス」という条文を「起草時に筆が滑っただけ」と批判している［山田哲也 2016b：632-633。傍点筆者］。これらの批判からもわかるように，国際連盟は不戦共同体の構築という壮大な計画でありながら，起草の段階で戦争の完全な違法化を目指したわけではないし，それに向けた国際共同体の設立にも失敗していたのである。

■ 1920 年代における補完の試み

　当初から不完全であった国際連盟（規約）にとって，最大の誤算は「大国」アメリカの不参加であった。そもそもウィルソンの発想の根底にはアメリカ型民主主義の世界規模への拡大があり，「旧外交」の象徴ともいえる秘密外交の禁止と，それを確保するために条約の登録を『14 カ条』にも明記し，国際連盟規約 18 条でも具体化したものであった。しかし，先に触れた 10 条の規定が，アメリカの主権を侵害する（アメリカ自身が望まない経済制裁を自動的に発動させられる）というウィリアム・ロッジ上院議員らの強い反対にあい，連邦議会（上院）は国際連盟規約批准案を葬り去ったのである。これにより，国際連盟は国力の衰退が目に見えつつあったイギリスと，ドイツへの敵愾心と猜疑心の固まりであったフランスを中心に運営されざるを得なくなったのである。

　それでもまだ 1920 年代は，国際連盟や常設国際司法裁判所を活

用した紛争の平和的解決が一定程度機能した時代であると同時に，国際連盟規約の欠点を補強する試みがなされた時代でもあった。この時期に国際連盟に付託された紛争の特徴として，次の四点が挙げられる［篠原初枝 2010：204-205］。

① 中小国が関与した紛争
② ポーランドを中心に，第一次大戦後に新たに設定された国境線に関する紛争
③ 東欧・バルカンなど民族構成が複雑な諸国の問題
④ ラテンアメリカ諸国の紛争

　その中で，1923 年に発生したイタリアによるギリシャ領コルフ島占拠事件は，理事国が関係しているという点で特異である。さらに篠原は，この事件は結局，国際連盟の枠外（四大国の大使による会議）で解決案が示され，それを理事会が追認するという形を採ったため，総会で批判を浴びることになったと記す。先述したとおり，集団安全保障は，約束違反（この場合は国際連盟規約違反）の存在の有無の認定が組織化されている必要がある。国際連盟規約では，手続き上，理事会でも総会でもそのような認定は可能となっていた（理事会と総会の間に権限の差はなかった）。したがって，大国が理事会であれ総会であれ，国際連盟を回避して問題の解決策を話し合ったのは国際連盟軽視だ，というのが総会による批判の要点である。この点は，国際連盟や国連に限らず，国際機構の役割と限界を考える上で，極めて示唆的である。すなわち，本来なら問題を解決する権能を与えられ，かつ，それが十分に可能な実効性を備えた国際機構がバイパスされれば，当該国際機構の存在意義は薄れるからである。

　この時代の出来事として，もう一つ忘れてはならないのが，**不戦条約**（戦争抛棄ニ関スル条約，ケロッグ・ブリアン条約ともいう）の発効

である（1929 年 7 月 24 日）。この条約も国際連盟の枠外で交渉された条約*）であったが，戦争禁止について不十分な規定しか持たなかった国際連盟規約を強化する役割は負ったとされる。

3　国連における集団安全保障

■ 新たな集団安全保障構想とその挫折

1944 年，フランクリン・ローズヴェルトは目前の課題として，第二次世界大戦に勝つことと，世界的な国際機構を作り，新たな戦争が起きないよう，世界中の主権国家が持つ軍事力を使用できるよう準備すること，を挙げた［ラギー 2009：46］。後者が，集団安全保障構想を指し，ブライアリーがいう「それ（it）」として機能する，集権化された集団安全保障体制を意味することは明らかである。

国連憲章における集団安全保障システムがどのようなものであるか，すでに語り尽くされた感もあるが，念のため主要な条文を整理しておく。そもそも国連の主要な任務として第一に掲げられているのが，**国際の平和および安全の維持**（戦争の禁止，とは表現されていないことに注意）であり，それを達成するために**「平和に対する脅威の防止及び除去と侵略行為その他の平和の破壊の鎮圧とのため有効な集団的措置をとる」**（1 条 1 項）ことである。そのため，2 条 4 項では「すべての加盟国は，その国際関係において，武力による威嚇又は武力の行使を，いかなる国の領土保全又は政治的独立に対するものも，また，国際連合の目的と両立しない他のいかなる方法によるものも慎まなければならない」と規定する。また，国際の平和および安全の維持に関する「主要な」責任を安全保障理事会に課し（24

---

*）元々は，フランス外相アリスティード・ブリアンがアメリカ国務長官フランク・ケロッグに二国間条約として提案したものを多数国間条約にしたものである。この条約を契機にアメリカは国際連盟への関与を深めることになった。

条1項)，加盟国は安保理の決定を「この憲章に従って受諾し且つ履行することに同意する」(25条) 義務を負う。

　実際に**平和に対する脅威**等が発生したかどうかは安保理の判断に委ねられる (39条)。なお，これらの決定は，27条3項に基づき，すべての安保理常任理事国の賛成投票が必要とされる，すなわち，拒否権の対象とされていた (現在は，いずれかの常任理事国が反対票を投じていなければよいと解釈されている)。さらに，安保理は41条に基づく**非軍事的措置** (いわゆる経済制裁) や42条に基づく**軍事的措置** (いわゆる武力制裁) を課す (その場合，非軍事的措置を経る必要はない) ことを決定できるが，その前に事態悪化を防ぐための**暫定措置**を要請することもできる (40条)。これだけでも，国際連盟時代の，分権化され，さらに骨抜きにされた武力紛争への対応に比べて，国連の集団安全保障が安保理に集権化されていることは明らかであるが，さらに特徴的なのが，42条の実施体制である。42条は条文上，軍事的措置の実施主体を各加盟国ではなく，安保理に委ねている。といっても，国連が常設の軍隊を持つのではなく，43条以下で加盟国と予め42条の実施にあたって必要な兵力等の内容について合意 (憲章上の用語では「**特別協定**」) を結ぶことが想定され，さらに47条では安保理の補助機関として，常任理事国の参謀総長クラスの代表者によって構成される**軍事参謀委員会**が，安保理の42条に基づく行動に対して助言および援助を与えることが予定された。この委員会は，第二次世界大戦中のイギリス・アメリカの間で設置された統合参謀本部をモデルとしたものである。しかし，特別協定の内容 (兵力の規模，とりわけ45条に定める空軍割当部隊の規模) を巡るアメリカとソ連の間の溝は埋まらず，結局，1948年8月には特別協定を締結するための交渉は挫折することとなった [ラギー　2009 : 85-89]。

■ 朝鮮戦争（1950 年）と湾岸戦争（1990-91 年）──二つの例外

　そのような中で，安保理が憲章 39 条に基づき，「**平和の破壊**」を認定した事例が二つだけある。

　一つは，1950 年 6 月 25 日に発生した**朝鮮戦争**（朝鮮動乱）の際の安保理決議 82 と，1991 年 8 月 2 日のイラクによるクウェート侵攻の際の安保理決議 660 である。

　前者は，中華人民共和国の義勇軍が北朝鮮軍の支援に加わるが，なぜ安保理決議が採択されたかについては，若干の説明が必要だろう。中国は，第二次世界大戦後，中華民国軍（国民党軍）と中国共産党の人民解放軍との間で内戦（国共内戦）が発生し，1949 年 10 月 1 日に中華人民共和国の建国が宣言され，中華民国は台湾島に敗走した。しかし，国連憲章上は引き続き中華民国が中国を代表するとされ（憲章 23 条参照），安保理にも中華民国政府からの代表者が出席していた。これに対して，ソ連は，中国の正統な代表が出席していないと抗議し，安保理を欠席していたのである。そこでさらにアメリカは，決議 83 で「〔北朝鮮による〕武力攻撃を撃退し，かつ，この地域における国際の平和と安全を回復するために必要と思われる支援を，大韓民国に提供することを勧告する」旨決議し（同年 6 月 27 日），また決議 84 では韓国に対する「兵力およびその他の援助をアメリカ合衆国の統一司令部に提供すること」を勧告するとともに，この統一司令部が国連旗を使用することを許可したのである（7 月 7 日）。これら一連の流れを受けて，アメリカが指揮する統一司令部を「**朝鮮国連軍**（United Nations Command in Korea）」と呼ぶことが慣例化したが，先に見た憲章 42 条や 43 条に基づく国連自身の活動でないことは明らかであり，実態は「国連旗を持ったアメリカ軍」であった。その後，ソ連が安保理に復帰し，拒否権を行使することで安保理は必要な行動をとることができなくなった。そこで 1950 年 10 月，

アメリカなどはこのような事態が発生したら，安保理に代わって総会が問題を討議し，国際の平和および安全を維持または回復するため，必要に応じて武力の行使を含む集団的措置について国連加盟国に適切な勧告を行うことができるとする，「平和のための結集（Uniting for Peace）」決議を採択した（総会決議377，1950年11月3日）。2022年2月24日に発生したロシアによるウクライナ侵攻に関する総会決議も，この決議に基づく総会の意思決定である。

1990年8月のイラクによるクウェート侵攻は，その後，安保理決議41条に基づく累次の非軍事的措置の後，11月28日付の決議678で，イラクのクウェートからの撤退期限を明示するとともに，それが履行されない場合は，「クウェート政府に協力している加盟諸国に対して……，必要なすべての手段をとる権限（all necessary means）を与える」という表現で軍事力の行使を認めた（**湾岸多国籍軍**。五大国のうち，中国は棄権したが，その他の4カ国は賛成した）。これも42条や43条に基づくものではないが，安保理が憲章7章の下で加盟国に武力行使権限を与えたもので，その合法性について異論もあるが，国際法学者の間では合法説が多数である［山田哲也 2010：12］。

■ 憲章41条の積極的活用

憲章42条が明示的に適用された例がないのに対し，非軍事的措置に関する41条は，比較的広範に（とりわけ冷戦後），適用されているといえる（近年でいえば，北朝鮮の核・ミサイル開発に対する制裁措置）。というのも，同条の下での措置が「経済関係及び鉄道，航海，航空，郵便，無線通信その他の運輸通信手段の全部又は一部の中断並びに外交関係の断絶を含むことができる」とだけ記し，「兵力の使用を伴わないいかなる措置」であれば，あとは安保理の裁量に委ねられていると考えられているからである。この点は，ダンバートン・オークス会議での交渉でソ連が抵抗した点でもあった［藤田 1998：333］。

　最初に 41 条が適用されたのは，1963 年，南アフリカによる**アパルトヘイト政策**に対抗した同国への武器の引き渡し停止である（決議 181）。冷戦後には，前述のイラクへの経済制裁をはじめ，リビアに対する決議 748（1992 年）や，内戦発生国に対する武器禁輸措置などに用いられている。2006 年から 2017 年にかけて，北朝鮮（朝鮮民主主義人民共和国）による核実験や弾道ミサイル発射などに対して，人の移動・貿易・金融・海上輸送・航空輸送を制裁対象とする決議が採択されているが，これも 41 条を根拠とするものである。

　では，41 条の下での安保理の裁量に制限はないのか。この点が問題になったのが，冷戦後の旧ユーゴスラビア内戦（1991-95 年）の際，安保理による旧ユーゴスラビア国際刑事裁判所設置の法的根拠を巡る問題（**タジッチ事件中間判決**）である。これに対して，同裁判所上訴裁判部は，安保理は「平和と安全の維持という自らの主要な機能を行使する措置，すなわち，旧ユーゴスラビアにおける平和の回復と維持に貢献する措置として，国際刑事裁判所の形態をとった司法機関の設置に訴え」（36 〜 38 項），「憲章 7 章に基づく措置として合法」（40 項）との判断を示した［岡田 2001：210］。つまり，前述したように安保理は「兵力の使用を伴わない」措置であれば，基本的に 41 条の範囲内で広く行動できる，と考えられている。

　このほかにも，冷戦後，テロリズムへの対応や大量破壊兵器の不拡散との関連で，安保理は積極的に 41 条を活用し，中には全加盟国を拘束する一般的内容を含んだ，いわゆる「立法的」な内容の決議も採択している。これらの動きを踏まえて，日本では，（冷戦後の）**安保理の機能変化**，という表現が用いられることが多い（この点を網羅的に扱った書物として，［村瀬 2009］がある）。管見の限り，英文では必ずしも「機能変化」という受け止められ方はされていないようであるが，安保理による制裁措置と法の関係（とりわけ国連憲章や強行規範との関係）が議論されることがある［Farrall 2007］。

4　集団安全保障の変質

■ 未完の集団安全保障体制

　国際連盟と国連という普遍的レベルでの集団安全保障体制構築の試みとその現実を概観した。結論的にいえば，武力行使の可能性を伴う集団安全保障は全面的な失敗とまでは言わないものの，せいぜい部分的にあるいは偶然に成功することがある，という程度のものでしかなく，それもせいぜい経済制裁に留まる，ということである。第二次世界大戦後の日本の安全が保たれてきたのも，集団安全保障より日米安保が機能してきたからである［北岡 2007：63］。

　集団安全保障が実現しないのは，前提としての大国間協調の確保の難しさがその一因である。朝鮮国連軍が発足したのはソ連の欠席という偶然によるものであるし，湾岸多国籍軍も冷戦直後のソ連の経済的疲弊および中国が天安門事件（1989 年）で国際的に孤立状態に置かれていた状況といった事情が大きく作用している。また，大国が「内向き」・「排外的」・「強権的」・「厭戦的」になれば，なおさら彼らの間での協調は困難となろう。また，今日の国際社会の現状を見れば，国連憲章（7 章）の構造上，加害国を特定し，それに対して非軍事的・軍事的措置（制裁）をとるという方式に適さない，つまり加害者と被害者の区別が困難な国内紛争や，いわゆる「テロとの闘い」でも集団安全保障は発動しにくい。

　しかし，そもそもの問題として，国家が，自らの利益を求めてとった行動に対して「国際社会の利益」を掲げて制裁するような国際機構を設立することに同意するだろうか，という問題を見逃してはならない［高坂 1966：122-127］。この点はすでに 17 世紀から 18 世紀にかけてのサン・ピエールの構想に対する，ルソーの反論にも見られる古典的な論点である［ヒンズリー 2015：73］。すなわち，完全な集団安全保障体制の確立には国家の「善意」が必要であるが，その

ような「善意」は 17 世紀においても今日においても期待できないのである。連盟規約 16 条に対する「1921 年決議」にせよ，安保理の拒否権にせよ，それぞれの集団安全保障体制に対する障害であり限界を示すものであるが，それは同時に主権国家体制としての国際社会，すなわち「第一のレベルの国際社会」の強靭さを示すものである。各国は自国の安全保障のために軍事力を有しており，それを「第二のレベルの国際社会」のために用いることには消極的である。また，仮に集団安全保障の手段として自国の軍事力を提供する場合であっても，それが主権国家間関係における自国の利益確保・実現のためなのか，国際共同体レベルでの警察力の提供なのかを峻別することは困難である。そのように考えると，理念通りの集団安全保障体制が確立することは，恐らくあり得ないであろう。例えば，連盟規約 16 条 2 項にみられるような，「聯盟ノ約束擁護ノ為使用スヘキ兵力」は，軍事的大国の兵力を想定するから，大国にとっては，自国の安全保障上の利益がない，あるいは，あっても乏しい戦争に対してまで，兵力を提供しなければならないという負担を抱えることになる。ウィルソンが『14 カ条』の中で示した，「大小すべての国の政治的な独立および領土の保全を相互に保証するため，…… 一般的な組織体が創設されなければならない」（傍点筆者）が，最終的に「聯盟各国ノ領土保全及現在ノ政治的独立ヲ尊重シ」（同）とされたのも同じ理由による。

　また，民主的な国家（国民の表現の自由と参政権が十分に保障され，政策決定者も世論を無視できない国家）であればあるほど，自国の軍隊を「善意」のために自国とは無関係の武力紛争に参加させることには消極的になる。人道的な武力介入で国連による授権や許可がある場合なら，世論も派兵に賛成するかもしれない。しかし，1992-93 年のソマリア紛争においてアメリカ軍に犠牲者が出た際には，アメリカの世論は 180 度転換し，クリントン政権はソマリアに派遣して

いたアメリカ軍を撤退させざるを得なかった。また，2003年のアメリカ・イギリスによる対イラク戦争（第二次湾岸戦争）でも両国の国論は二分された。

　そのように考えると，集団安全保障は，せいぜい大国間の「偶然の協調」の際に，経済制裁（非軍事的措置）を発動するのが限界だといわざるを得ないのである。では，国際機構論の中で集団安全保障について考えることに，それ以上の意味はあるのだろうか。

■ 安全保障ガバナンスの出現？

　そもそも，狭義の安全保障はレジームやグローバル・ガバナンスとの親和性は低い。基本的に「自国の安全」は必要に迫られれば実力を行使して，敵を排除するものであり，グローバル・ガバナンス論が前提的に想定するような，「多主体」による「協働」や，規範の共有は起きにくい政策分野だからであり，これまでにも見てきたように武力制裁（軍事的措置）を伴う形での集団安全保障システムは，ほぼ瓦解しているといわざるを得ない［山本吉宣 2001：218］。

　では，戦争の防止は，各国家の「自制」に頼るしかないのだろうか。

　実際には今日の国際社会においては，次のような方法で集団安全保障システムを補完する仕組みが整えられつつあり，それをもって，安全保障ガバナンスの出現と捉える傾向があることに注目する必要がある。例えば，普遍的な国際機構に加え，**武力行使に関する規範設定，国際会議の開催，地域的安全保障機構，強制措置の実施メカニズム，紛争の平和的解決メカニズム，平和維持活動，人道的介入，平和構築**の合計八つの活動が**安全保障ガバナンス**を形成している，という見解がある［Karns *et al.* 2015：285］。これは，①規範設定活動，②集団安全保障とは異なる発想に立つ紛争の解決・抑止，と大別できる。ここでは①に限定して内容を概観しておきたい。

■ 安全保障分野での規範設定活動

　ここでいう規範設定活動には，条約のような法規範の作成に加え，緩やかな規範（行為規範，社会規範）の設定も含まれる。例えば，特定の兵器の開発・生産・保有や使用を禁止する条約の作成は，法規範の設定にあたる。特に化学兵器禁止条約は，条約遵守のための機関*⁾（化学兵器禁止機関：OPCW）まで設けているという意味で，極めて厳格な仕組みである。また，未発効ではあるが，包括的核実験禁止条約（CTBT）も同様の機関を設ける予定である。

　緩やかな規範には，まず，条約ではない国連総会決議（例えば，1970 年の**国連友好関係原則宣言**）や地域的なものとして 1975 年の**欧州安全保障協力会議**（CSCE。現在は，**欧州安全保障協力機構**〔OSCE〕として，国際機構になっている）の**ヘルシンキ最終文書**のような文書が含まれる。アジア地域においては，ASEAN 地域フォーラム（ARF）が CSCE に類似した役割を果たしている。また，必ずしも集団安全保障の文脈から派生したとはいえないが，人道的介入の文脈での民間人保護（とりわけ女性や子どもといった社会的弱者）に関わる規範や，「保護する責任」と呼ばれる倫理的規範も，国連総会決議や安保理決議，さらには各種の国際会議の場で内容が精緻化されることで規範の一種となりつつある［政所 2020，西海ほか 2023］。今や安全保障分野でも緩やかな規範の存在が無視できないものになっていることを予め指摘しておきたい。

■ 直面する課題

　武力による制裁を前提とした集団安全保障が発動されるのは稀であり，国際社会の平和を確保する手段として期待することはできな

＊）OPCW は，締約国会議，執行理事会，技術事務局で構成されており，分類上，国際機構に該当する，国連の関連機関である。

い。また，国際連盟が対ドイツ講和条約の一部であったり，国連が日本・ドイツ・イタリアの再侵略に対するものであったりしたように，中立あるいは公平な制度として設計されたものではなかった，ということも問題として指摘できる。サン・ピエールがユトレヒト会議の全権随員であった一方で『永久平和論』を著したように［小林 2002：25］，戦争と講和の繰り返しという「現実」に対抗するため，君主の理性に期待を込めた何らかの不戦共同体を構想することは決して不思議なことではないが，その実現がいかに困難であるかは国際連盟や国連を含め，その後の歴史が物語るところである。

　2022年のロシアによるウクライナ侵攻を巡っても，国連（安保理）の限界あるいは機能不全が語られてきた。しかし，国連は五大国が武力による国境線の変更を行わないことを前提としていたと考えれば，ウクライナ侵攻は国連にとって想定外の事態であり，ロシアの行動は国連憲章の根幹を崩壊させるものだと考える必要がある。今後，どのように集団安全保障体制としての国連の権威を取り戻せるのか，道筋は見えていない。

　それに加え，冷戦終結以降，国内紛争やそれに伴う人道上の惨劇，大量破壊兵器の開発や拡散，テロリズムといった「新たな安全保障の脅威」に対していかに有効に対処するか，が問題となってきた。集団安全保障との関係では，非軍事的な手段をいかに有効に採れるかが課題である。そのためには大国の協調が必要であるが，安全保障の脅威が（第二次世界大戦型の）戦争の脅威の除去から，あらゆる安全保障上の脅威の除去へと性格を変えている中で，大国の役割も変化していると考えられる。他方で，安保理の常任理事国の構成は，第2章でも触れたように，ヤルタ協定の時点での「大国（すなわち主要な連合国とフランス，中国）」であり，その構成が今日の安全保障上の脅威に対処する上で有効か，という問題があることを忘れてはならない。

平和維持活動から平和活動へ

第**5**章

本章のポイント

前章で扱った「集団安全保障」は，経済制裁を含め，歴史的にみて期待通りの実績を上げているとはいい難い。それは，すでに触れたルソーのいう介入する国家の「善意」が調達困難であるということ，逆にいえば，「自己犠牲（利他的行動）」に対して消極的であるということでもある。本章で扱う**平和維持活動（PKO）**も，国際機構（とりわけ国連）による「国際の平和と安全の維持」のための活動の一種であり，一定の自己犠牲を伴うものではあるが，活動原理は集団安全保障とは全く異なるもので，関与する側の自己犠牲の程度もはるかに低い。その意味で，強制性を伴う集団安全保障と受入れも派遣も関係国の合意を基礎とするPKOは区別して議論する必要がある。ただ冷戦後の一時期，両者が概念的に接近していたことに注意が必要である。また，冷戦後の紛争への対応を通じて，平和構築と呼ばれる活動の重要性も増した。その点も本章で触れることにする。

1 平和維持活動の起源——国際連盟期の経験

■ はじめに

　PKO とは，一般に，紛争終結後の国に対し，停戦監視や兵力引き離しの監視といった活動を指す，国連の実行の中から生まれた活動だと理解されることが多い。また，安保理の決定に基づいて実施される集団安全保障とは異なり，受入れ国と要員派遣国の合意を基礎として実施される。そのような PKO としては，1956 年の**第一次国連緊急軍**（UNEF I）[*]と 1960 年の**コンゴ国連活動**（ONUC，コンゴ国連軍とも呼ばれる）を嚆矢とするように思われがちである。これは，それぞれの活動経費が国連憲章 17 条 2 項にいう「この機構の経費」にあたるかどうかを取り上げた，**国際司法裁判所**（ICJ）の勧告的意見（1962 年 7 月 20 日）で「関係国の要請または同意に基づく平•和•維•持•活•動•」（傍点筆者）という表現が初めて用いられ，注目を集めたからであろう［香西 1991 : 2-3］。

　しかし，実際には 1948 年の**第一次中東戦争**に際して派遣された**国連休戦監視機構**（UNTSO）や翌 49 年の第一次インド・パキスタン紛争（カシミール紛争）における**インド・パキスタン国連軍事監視団**（UNMOGIP）も，「関係国の要請または同意」に基づくものであり，後に詳しく見る PKO の定義に合致しているし，国連も UNTSO や UNMOGIP も PKO の例として取り上げている。また，UNEF と ONUC の間に，**国連レバノン監視団**（UNOGIL）が 1958 年 6 月から 12 月まで派遣されている。これらのことからも明らかな通り，国連

---

[*]「第一次」という呼称は，1973 年に発生した第四次中東戦争に際して派遣された「第二次国連緊急軍（UNEF Ⅱ）」との区別のために付されているが，1956 年当時は単に「国連緊急軍（UNEF）」と呼ばれていた。本書でも特に支障がない限り，「国連緊急軍（UNEF）」とのみ記す。

は，その設立直後から本来の集団安全保障が機能不全を起こした一方で，武力紛争に対する平和的解決に伴う停戦監視や兵力引き離しといった活動を通じて，間接的ながら「国際の平和および安全の維持または回復」のための活動を行っていたのである。

■ 国際連盟期──四つの先例

とはいえ，PKO は，国連になって始まったものではない。すでに国際連盟期においても，今日の PKO とほぼ同一の活動原理に基づく活動が少なくとも 4 例存在する。すなわち，①ポーランド・リトアニア紛争の際の連盟軍事委員会 (1920 年)，②ギリシャ・ブルガリア国境事件の際の撤兵監視団 (1925 年)，③コロンビア・ペルー間のレティシア紛争の際の連盟レティシア委員会 (1933 年)，④ザール地域における住民投票に際して派遣されたザール国際軍 (1935 年)である [臼杵 2007：27-28]。満洲事変やエチオピア併合などで，国際連盟の有効性や存在意義に疑問が出されていた時代であるにも拘わらず，それでも「PKO 類似の活動」が行われていたことは積極的に評価されるべきであろう。また，満洲事変に際してのいわゆるリットン報告書においても，東三省における「特別憲兵隊 (a special gendarmarie)」の設置が提案されていた [國際聯盟協会 2006：297 (英文は 237)]。しかし，臼杵が続けて指摘するように，国連構想ではもっぱら集団安全保障制度の強化・(再) 構築に力がそそがれ，これらの活動への「均衡ある評価」はなされなかった。それは，国連憲章に PKO に関する明文規定が存在しないことからも明らかであろう。また，講学上も研究史上も，国際連盟期の平和維持活動的な役割に言及することは稀である。これは，集団安全保障であれ，平和維持活動であれ，国際連盟と国連の断続性を過度に強調したことによる弊害である。

2　国連による平和維持活動概念の誕生

■ 国連緊急軍（UNEF）の背景

　国連緊急軍（UNEF）というと，エジプトによるスエズ運河国有化宣言に対抗して，イギリス，フランス，イスラエルが軍事介入し（**第二次中東戦争**），その停戦を監視するために派遣された，と語られることが多い。しかも，イギリスとフランスの拒否権行使により安保理が機能不全となり，問題が総会に付託され，その勧告に基づいて事務総長の提案により UNEF が派遣された，と説明される。これは「大筋において」正しい。しかし，これではなぜエジプトがスエズ運河の国有化を宣言したのか，また，何に対してイギリスとフランスが拒否権を行使したのか，さらにいえば，なぜイギリスが安保理に本件を付託したのか，という問題の本質が見えてこない。まず，これらの点から確認しておきたい。

　1956 年 7 月，アメリカは，エジプトに対しアスワン・ハイダム建設への融資計画を撤回する。これに怒ったナセル大統領が同 26 日，スエズ運河国有化計画を宣言し，通航料収入によるダム建設を目指すこととしたのである。しかし，同運河は 1888 年の**スエズ運河条約（コンスタンティノーブル条約）**により，「平時においても戦時においても，国旗の区別なく，すべての商船及び軍艦に対して，常に自由であり，かつ，開放される」（1 条）と規定されていた。そこで問題は，いったん国連の枠外での関係国による会議に付託された。その後**ダグ・ハマーショルド事務総長**の斡旋で，イギリス，フランス，エジプト間の非公式会談で紛争解決についての 6 原則合意にこぎ着けた［香西 1991：71-72］。しかし，その頃，イスラエルはフランスと秘密交渉を行い，イスラエルがエジプトに対して軍事侵攻を行い，そこにフランスが調停目的で軍事介入する，というシナリオが描か

れ，イギリスもそれに加担したのである［半澤 2003：739］。この軍事介入が，イギリス，フランスによる運河利権の確保を本音とするものであり，しかも，アメリカはそれを事前に知らされていなかった。そこでまずアメリカは安保理において，イスラエルに撤兵（1949年の休戦ラインの遵守）などを求める決議案を提出したが，それをイギリスとフランスが拒否権により葬り去ったのである。そこでアメリカは，問題を「平和のための結集決議」に基づいて総会に移管した。これに対し，イギリスは，自国の措置を朝鮮戦争の際のアメリカの警察行動と同じであるとして正当化を試みたが容れられず，結局，アメリカ提案による停戦勧告決議案が採択されたのである［香西 1991：73-74］。ここまでの経緯では，イスラエルの行動がアラブ民族主義を敵に回してソ連を利することになることを避けたいというアメリカの論理と，アメリカはもとよりコモンウェルス諸国も含めた各国がイギリスやフランスの行動を植民地主義的な時代錯誤とみなしたことがうかがわれる（コモンウェルス諸国でイギリスを支持したのは，オーストラリア，ニュージーランドだけであった［半澤 2014：231]）。

■ UNEF の計画

停戦決議の審議とともに，停戦を実効的なものにすることについても議論が行われた。その方策として，すでに派遣されていた国連休戦監視機構（UNTSO）の監視体制の強化と，イギリスが提案したスエズ運河地帯に駐留中のイギリス・フランス軍を国連軍にする，という二つの案があげられていた［香西 1991：75］。これに対し，別の方式を唱えたのが，カナダの外相**レスター・ピアソン**であった（スエズ危機に対するカナダの反応については，［小川 2012：163-166]）。ピアソンはハマーショルドを説得し，11 月 3 日の国連緊急総会に決議案を提出し，「事務総長に対し，停戦を確保・監督するために国連

緊急軍を設置する計画を，48時間以内に提出すること」を内容とする決議998（ES-I）を採択させた。そして，事務総長報告に基づき，決議1000（ES-I）により，UNEF司令部が設置された。その際，事務総長が示したUNEFの原則としては，

  1）国連（総会または安保理）の直接の統制下に置かれること
  2）安保理常任理事国以外から人員・部隊を調達すること
  3）受入れ国・要員提供国の同意に基づくこと

といったことが挙げられる。ただし，2）については，ピアソンとハマーショルドの間に見解の相違があり，ピアソンはイギリス・フランス軍の国連軍への参加を求めたとされる［香西 1991：79］。いずれにせよ，これらの原則は，1958年に刊行された「〔国連緊急〕**部隊の設置及び活動に基づく経験の研究摘要**（Summary study of the experience derived from the establishment and operation of the Force〔研究摘要：Summary Studyと略称される〕）において精緻化されることになるが，いずれにせよ，朝鮮国連軍とは異なり，特定の大国（とくに五大国）を関与させず，さらに，強制性を持たせない，という形でPKOの性格付けがなされたということであり，国連が紛争の事後処理という形で「国際の平和と安全の維持・回復」に一定の役割を果たすといっても，あくまでも冷戦という国際政治の前提的構造を強く意識したものにならざるを得なかったのである［納家 2003：29-46］。それでも，国連，あるいは，ハマーショルドは，UNEFのような活動を「防止外交（preventive diplomacy）」と名付け，「対立する両陣営の外側にある地域に生じた紛争や危機に対し，国連がすみやかに介入し，それによって大国間の力の真空を埋め，いずれの側からも手出しができないようにし，国際的緊張を緩和する」［Claude 1964：313］政策として，冷戦期の国連の積極的な政策として，活動の中

心に据えようとしたのである。

■ PKO の「原則」とコンゴ国連活動（ONUC）

　先に紹介した「研究摘要」では，①関係国の同意，②国内問題への不介入，③中立性の原則，④自衛目的以外での武器使用の禁止，といった，その後の PKO を性格付ける原則が UNEF の経験から抽出された^{*)}。

　しかし，この「研究摘要」が公表されてから 2 年後の 1960 年には，基本原則からの逸脱が疑われるような PKO が派遣されている。それがコンゴ国連活動（ONUC）である。ONUC は，独立直後のベルギー領コンゴでコンゴ兵の反乱が生じたため，ベルギー軍が自国民保護を名目に軍事介入したことに端を発する。これに加え，南部のカタンガ州が独立を宣言したことが重なり，同年 7 月 14 日の安保理決議 143 では，ベルギー軍の撤退を求めるとともに，コンゴ政府に必要な軍事援助を提供する権限をハマーショルド事務総長に与えた。さらに翌年 2 月 21 日には，安保理決議 161 で事態を「国際の平和と安全の脅威」と評価し，最終手段として武力の行使を促した（ただし，同決議が憲章 7 章の下で採択されたかどうかは微妙である）。上記の①〜④との関係でいえば，ONUC は②と④から逸脱したと見ることができる。

　なぜ，このような逸脱が起きたのか。最近の研究では，アメリカがコンゴに親米政権を樹立するため，国連を利用したことが明らかにされている［三須 2017］。そこでは，ONUC は任務の広範さ故に厖大な財政負担を強いられた一方，ソ連やフランスが分担金支払いを拒否したため，国連は深刻な財政危機に陥り，アメリカが国連に対して資金協力を行ったので，ONUC は同書の副題が示すように

---

*）なお，「研究摘要」の「基本原則」（154-193 項）の全訳は，［香西 1991：89-97］にある。

「米国と国連の協働介入」だったとされるのである。

　UNEF と ONUC の経験をあえて一般化するなら，国連と加盟国（とりわけ大国）との関係において，国連が「独立した存在」か，という問題になろう。また，加盟国が分担金の支払いを拒否することで国際機構の存在そのものを脅かし得る，という問題でもある。

■冷戦末期の PKO における任務の拡大

　一般に，冷戦期 PKO の任務は，**停戦監視や兵力引き離しの監視**といった間接的なものに留まる。しかし実際には，1980 年代末になると，**選挙監視**や**人権状況の監視**といった，その後の**平和構築**に相当するような任務を負った PKO が登場する［桐山 2001］。対象となったのは，1970 年代後半から 80 年代前半にかけてソ連が積極的に介入した中米の地域紛争（主として国内紛争）である。具体的には，1989 年にグアテマラ，ホンジュラス，エルサルバドル，ニカラグア，コスタリカに派遣された**国連中米監視団**（ONUCA）とそこから派生した 1991 年の**国連エルサルバドル監視団**（ONUSAL）がそれにあたる。ちょうどこの時期は，ソ連国内の改革が進むと同時に地域紛争への介入から撤退した時期であり，冷戦終結の気運が高まっていた時期にあたる。すなわち，「米ソがともに冷戦の終結を目指していたという意味で大国間の協調があり，その下で国連がローカルな紛争の処理に当たるという，国際組織にとって〔の〕理想的な構図」［納家 1999：111］が存在したのである。

3　冷戦後の PKO──平和維持・平和構築から平和活動へ

■集団安全保障の「復活」と国連の迷走

　冷戦終結後の 1990 年に発生したイラクによるクウェート侵攻が，アメリカを中心とする多国籍軍によって解決されたことは，国連に

よる広義の安全保障への期待を高めた。と同時に，世界各地（特にアフリカ）で国内紛争が多発し，国連は，これらへの対応を巡って一種の迷走状態に陥った。

　結論を先取りするなら，1992 年 6 月の事務総長報告書『**平和への課題**（An Agenda for Peace）』はある種の「国連万能主義」であったが，同時期の紛争（特にソマリアと旧ユーゴスラビア各地の紛争での介入失敗とルワンダ内戦での無策）により，『平和への課題』の非現実性を露呈することになった。そのため，1995 年 1 月の『**平和への課題：補遺**（Supplement to An Agenda for Peace）』では，同報告書が『平和への課題』のいわば続編であるにもかかわらず，「国連消極主義（あるいは，選択的な国連中心主義）」に舞い戻ることになり，2000 年 8 月の『**国連平和活動検討パネル報告書**（Report of the Panel on United Nations Peace Operation, 通称，ブラヒミ報告）』もその路線を基本的に踏襲している。他方，現場レベルでは，コソボや東ティモールに派遣された PKO が，現地の統治機構に代わって立法・行政・司法の三権を行使する，という領域管理（暫定統治）型の活動のように平和維持と平和構築の境界が曖昧になったこともあって，「ブラヒミ報告」では，報告書のタイトルからも明らかなように平和維持と平和構築を総称して「**平和活動**」の用語が用いられ，すでに定着している。この間の経緯について，項を改めて整理しておきたい。

■ 国連自身による武力を用いた行動は可能か

　1992 年 1 月，「『国際の平和と安全の維持における安保理の責任』を検討するための安全保障理事会首脳会議（安保理首脳サミット）」が開催された。その結論文書での要請を受けて提出されたのが『平和への課題』である。同報告書では，冷戦後の国連の安全保障面での役割を「**予防外交**（preventive diplomacy）」，「**平和創造**（peacemaking）」，「**平和維持**（peace-keeping）」，「**紛争後の平和構築**（post-conflict peace-building)」の四つに分類した。予防外交は紛争の発生防止，平和創造は紛争の平和的解決，平和維持は紛争終結後の従来と同様の活動に相当する。

『平和への課題』で注目を集めた点が二つある。まずは，平和創造の文脈で「平和強制（peace-enforcement）」が掲げられたことである。これは憲章43条以下での軍事的行動ではなく，自発的に提供された部隊からなる，平和維持部隊よりも重装備の部隊であり，憲章40条に基礎を置くとされた。次が，「紛争後の平和構築」である。これは，紛争後の社会の安定化を通じて，紛争の再発を防止する，すなわち，平和の定着を図る活動であり，治安維持に加え，政治的安定（民主化）や経済的・社会的復興をも含む幅広い概念である。

平和構築の具体的内容については後述することにし，まずは「平和強制」について触れておきたい。純粋に「平和強制活動」として派遣された部隊は存在しないが，PKO として派遣されながら，現地の情勢変化に対応する形で，憲章7章を通じて任務が拡大*)し，武力行使権限が認められた事例として，ボスニア・ヘルツェゴビナに派遣された**国連保護軍**（UNPROFOR）と，アメリカを中心とする多国籍軍（UNITAF）の任務を引き継いだ**第二次国連ソマリア活動**（UNOSOM Ⅱ）が挙げられる。これらはいずれも失敗に終わり，PKO に対する信頼が損ねられるとともに，国連と要員派遣国（とりわけアメリカ）との関係が悪化することになった。その上，1994年に発生したルワンダ内戦では，発生以前から現地に駐留していた伝統的 PKO である国連ルワンダ監視団（UNAMIR）の強化についての合意が得られずに撤退が決定され，いわゆる「ルワンダの大虐殺」は放

＊）憲章7章に基づく PKO の最初の事例は，1991年にイラクに派遣された国連イラク・クウェート監視団（UNIKOM）である。これは，湾岸戦争終了後の両国間の停戦監視を主たる任務としており，その意味では伝統的な PKO に近いが，憲章7章に言及することで，PKO 派遣の原則である「受入れ国の同意」を排除することが主な目的とされた。

置された［ポルマン 2003］。

　これらの事実が示唆するのは，PKO 自身が，紛争の根本的な解決を目標に武力を行使するのは，困難あるいは不可能という現実である。その理由は，集団安全保障同様，要員派遣国の側が自国の軍隊に高いリスクを負わせたくないからである。また，UNPROFORや UNOSOM Ⅱでの教訓として，PKO による一方当事者への武力行使は，彼らを「敵に回すこと」になり，PKO が本来掲げてきた「中立（neutral）」原則とも相反することになる。

　その一方で PKO には，かつてのような「戦わない軍隊」に戻ることが許されない事情もある。それは，国内紛争において特徴的であるが，和平合意が結ばれ，それに基づいて PKO が派遣されても，和平合意が破棄されたり，和平合意に反対する勢力が出現したり，和平合意後，新たな政治的対立から再び武力対立にエスカレートする事例があるからである。

　そこで導入されたのが，「**強力な PKO**（robust PKO）」あるいは「強力な交戦規則（robust rules of engagement）」という考え方である。これを打ち出した『ブラヒミ報告』では，中立原則を維持しつつ，「あらゆる紛争当事者を平等に扱うものではなく，現地の当事者が加害者と被害者に分かれる場合は，平和維持要員が作戦上，武力行使をすべき」［山本慎一 2017：24］であり，そのような職務権限を認めるべきだ，と指摘する。これは，いずれかの勢力に加担するものではなく，状況や任務の目的（とりわけ，後述する文民の保護）の達成に向け，各勢力に不偏的（impartial）に対応する，というものである。この考え方は，2008 年の『**国連平和維持活動：原則と指針**（United Nations Peacekeeping Operations Principles and Guidelines，通称，キャップストーン・ドクトリン）』や 2015 年の『**平和活動に関するハイレベル・パネル報告書**（Uniting Our Strengths for Peace: Politics, Partnership and People〔Report of the High-Level Independent Panel on United

Nations Peace Operations）, 通称, ホルタ報告書）』にも受け継がれており, 「不偏性」は「中立性」と並んで, 今日の PKO の原則に加えられたといってよいであろう。

■ 地域機構による平和維持・秩序維持

国連自身による PKO の他に, 安保理の授権・許可に基づき, PKO と類似の任務を, 地域的機関が行う場合もある。いわば, 「PKO の外注化」とでも呼ぶべき活動である。

その代表例が, **デイトン合意**（1995 年 11 月）と安保理決議 1061 に基づいてボスニア・ヘルツェゴビナに派遣された「**和平履行部隊 (IFOR)**」である。これは**北大西洋条約機構**（NATO）指揮下の活動であり, 強制力をもって武装勢力の引き離しや和平合意の実施を行った（NATO 非加盟国も含めて 32 カ国が参加）。IFOR は 1 年間活動を行った後, 任務を同じ NATO 指揮下の「**平和安定化部隊 (SFOR)**」に引き継ぎ（安保理決議 1088）, さらに 2004 年には欧州連合（EU）指揮下の**欧州連合部隊アルテア**（EUFOR Althea）に引き継がれた。同じ旧ユーゴスラビア関連では, コソボでも安保理決議 1244 に基づき, NATO を中心とした KFOR が PKO である国連コソボ暫定行政ミッション（UNMIK）とは別に派遣された。

なお, アフリカでも, **アフリカ連合**（AU）や**西アフリカ経済共同体**（ECOWAS）による活動がある。

■ 平和構築の重要性と問題点

平和構築という語は国連の文脈では『平和への課題』で初めて使われ, 定着した用語である。一般的には, 紛争終結後の国・地域において, 紛争の再発を防止することを目的に行われる, 政治的・経済的・社会的支援活動全体を含むものと理解される。紛争の責任者の処罰や住民間の和解促進のために行われる, いわゆる「**移行期正**

義（transitional justice）」も平和構築の一環として捉えることができ
る。今日，平和構築にせよ，移行期正義にせよ，これらにおける国
際機構の役割や特定の国・地域における状況を分析した書籍や論文
が多数，公刊されている。

　紛争の発生原因はさまざまであるから，（再）構築すべき分野も多
岐にわたることになる。紛争による破壊が大きければ道路・橋・鉄
道などの復旧や地雷の撤去が必要となるだろうし，電力や水道とい
った基本的社会基盤そのものの再整備も必要である。紛争が政治シ
ステムの不備によるものなら，選挙の実施・監視から憲法の制定に
至るまで国連や OSCE などが関与することが必要になる。反政府軍
の兵士から武器を回収し，動員を解除し，社会に再統合する作業
（DDR）や，政府側の軍・警察部門の改革（治安部門改革。SSR）が行
われる場合もある。難民・避難民の帰還，初等教育の再開，基本的
保健衛生サービスの提供も重要である。要は，紛争発生国・地域が
本格的な開発・発展を再開し，安定した社会秩序構築に資する暫定
的な復興支援活動であれば，それらはすべて平和構築に含まれるこ
とになる。

　『平和への課題』では，「紛争後の平和構築」は「平和維持」とは
別カテゴリーのものとして扱われていたが，すでに述べたように，
今日では平和維持と平和構築は同時並行で進められることが多く，
両者を包含する概念として平和活動という呼び方が定着している。
いいかえれば，個別の PKO の任務の一環として平和構築が含まれ
ている，ということでもある。

　紛争の再発防止は，当該国・地域にとって必要であるだけでなく，
「国際の平和と安全の維持」という国連の目的からいっても必要な
条件であることに間違いはない。しかし，どこまで平和維持と平和
構築が進めば，通常の開発援助に切り替えられるのかという「出口
戦略」がなければ，それは PKO の長期化や肥大化を招くことにな

る。現在の PKO 予算はおおむね 65 億ドル（約 9000 億円）で推移している。最大の拠出国であるアメリカは常に削減に向けて圧力をかけているが，予算の効率化と平和維持・平和構築の目的達成の間のジレンマ（現場レベルでの活動の効率化のみならず，国連本部レベルでの管理の効率化の双方が含まれる）を象徴する出来事である。

4　ポスト冷戦期の紛争を通じた規範変化

■ 破綻国家論と平和構築

　冷戦後の紛争のほとんどは国内紛争であり，大規模な PKO が平和維持と平和構築を任務として派遣されてきた。そこで，「なぜ，どのような国で紛争が起きるのか」という紛争原因が議論されるようになるのは，ごく自然な流れである。その一つが，ヘルマンとラトナーなどがソマリアなどの状況を記述するために用いた「**破綻国家**（failed state）」論である [Helman and Ratner 1992-93：3-20]。類似の概念として**崩壊国家**や**失敗国家**，**脆弱国家**といったものもあるが，大枠としては「一定領域とその住民に対する実効的支配が認められず，そのためその領域住民の安全・生存が恒常的に脅かされている状態」[納家 2003：114] を指す。凄惨な紛争となった旧ユーゴスラビア（特にボスニア・ヘルツェゴビナ）が破綻国家に該当するのか，など，概念としては曖昧な点もあるが，要は主として多民族国家内での統治（少数者の権利保護など）の失敗があると紛争に結びつきやすい，ということである。

　これに対する国際社会の当初の対応は，湾岸危機での成功体験を基礎に，「冷戦後の国際社会は，従来の規範を基本としつつ，自由民主主義的政治的価値と市場メカニズムの拡大を目標として，国連などの国際機構が地域的機構や NGO と共に，さらに新たな規範形成と実施を目指すのであり，そこからの逸脱行動（必ずしも紛争の発

生に限られない）も多国間での手続きと集団的な行動によって是正・矯正・解決されていく」というものであった［山田哲也 2005：45］。先に見た『平和への課題』も，そのようなある種の楽観主義（あるいは国連礼賛主義）に基づいていた。すると，破綻した国家に対する国際社会の対応は，ほぼ当然に彼らに統治能力を持たせることが目標となる。紛争発生国の場合であれば，紛争解決への直接の関与だけでなく，紛争の根本原因である統治構造の変革や再構築にまで踏み込むことを余儀なくされるのであり，平和維持と平和構築の「連携（nexus）」が議論され，それらの総称として「平和活動」という用語が登場したのもそのためである［UNITAR 2000］。

■ 関与の言説と規範

　破綻国家型紛争の多発を契機に，国際社会では，二つの部分的に重複する動きが見られた。一つは紛争への「介入」を正当化する言説の登場であり，もう一つは，その「介入」にあたっての規範なり指針となる政策的言語の登場である。

　前者の代表例が「**人道的介入**」である。従来，国際法学において，違法化が進む戦争（他国への武力行使）の例外として，自国民保護などを名目とした「人道的干渉」が許容されるかどうかの議論が存在した［Brownlie 1963：338-342］。しかし，冷戦後の「人道的介入」はより射程が広く，人道上の惨劇に対して相手国の同意を得ずに武力で介入することからはじまり，NGO による人道救援活動についても「人道的介入」と呼ばれることがある。前者について，国連憲章上の手続きとの関連でいえば，ある紛争の非人道性は憲章 39 条にいう「平和への脅威」に該当するかどうかの判断基準に過ぎない。従って，武力介入が憲章 7 章に基づいて行われる場合（多国籍軍の介入であれ，後述する「文民の保護」目的での武力行使権限を認めた PKO の派遣であれ），それは憲章上の措置なのであって，殊更それを「人道

的介入」というあたかも法的に別個のカテゴリーであるかのように捉える実質的意義は乏しい。

　問題は，安保理の決定や授権を経ないで一方的になされる武力行使を，人道的介入として合法化する余地があるか，という問題である。これを巡る論争は1999年3月に発生したNATOによるユーゴスラビア空爆に対して，**コソボ独立国際委員会**が「違法だが正統 (illegal but legitimate)」[Independent International Commission on Kosovo 2000：4] と評価したことに象徴されるように，人道的価値の尊重と武力不行使原則，さらには内政不干渉原則を中心とした国家主権の間の原理レベルでの衝突を物語るものである。

　この点について，国家主権と人道的介入の関係が議論された，カナダ政府の主唱による「介入と国家主権に関する国際委員会 (ICISS)」の報告書**『保護する責任』**（The Responsibility to Protect：R2P）は，紛争の発生を防ぐ第一義的責任は各国家にあるとしつつ，そのような責任を負わない，あるいは，負う能力のない国家で紛争が発生した場合には国際社会による介入が必要であると指摘する [ICISS 2001]。他方で，手続き面としては，依然として，介入のための権威付けとして安保理の授権か総会による「平和のための結集決議」の活用，または，地域的機関の行動に関する憲章8章の発動を求めており，「一方的な武力による介入」についての議論が深まったわけではない。また「保護する責任」は必ずしも規範ではなく，単なる「原則」[Bellamy 2009：6-7] であるとの指摘もある上，近年では危機の発生防止のための支援の在り方に議論の力点が置かれる傾向にある。

　むしろ，規範化が顕著であると思われるのは，武力行使を伴う介入の目的としての**文民（民間人，非戦闘員）の保護**や**PKO要員が現地で活動するにあたっての国際人道法の遵守**や**PKO要員による現地での性的搾取に対する厳格な対応**（いわゆるゼロ・トレランス政策）

の方であろう。特に「文民の保護」において重視されているのが紛争地域における女性と児童の保護である［眞嶋 2010，清水 2011，上野 2012，など］。国家対国家の，いわゆる戦争と異なり，国内紛争は，住民同士の殺戮にもなりかねない。そこで安保理は，1999 年の決議 1265（9 月 27 日）以来，女性あるいは児童の保護という観点での規範化を進め，PKO の任務の一つにも「文民の保護」を付与するようになっている。

■ 国際機構を通じた平和の確保の課題

　前章冒頭でも記したように，本来，安全保障は，個別の国家を単位とする概念であるが，冷戦後の国際社会の構造変化や紛争の性質変化を受け，安全保障規範は，保護する責任や第 7 章で取り上げる「人間の安全保障」のように「人間化（個人化）」の傾向を見せているといえ，それに対応して安保理の役割や 39 条の解釈にも影響を及ぼしている。その一方で，今日の安保理では大国間協調が十分には機能しておらず，湾岸戦争の際の多国籍軍の編成はもとより，PKO でさえ，十分な効果を上げているとはいい難い。その極端な例が，2011 年に発生したシリア内戦である。2012 年 4 月，いったん沈静化した紛争に対して，安保理決議 2043 に基づき国連シリア監視団（UNSMIS）が派遣されたものの，紛争は再燃し，同年 8 月には UNSMIS は任期延長を決定できず，撤退を余儀なくされている一方で，現時点でもシリア和平の見通しは立っていない。

　2023 年 6 月現在，12 の平和維持活動が活動している。この中には，1948 年に派遣された UNTSO や UNMOGIP なども含まれているが，7 件がアフリカの，冷戦後に発生した内戦に対して派遣されたものである。いいかえれば，国連が関与しながら，平和を達成できていない紛争が 12 件存在するのである*）。7 章に基づく強制的な措置においては大国間の協調が不可欠である上，PKO の場合は，同意

原則ゆえに，さらに紛争当事国（者）や要員派遣国の意向が PKO の派遣決定はもとより，職務権限の内容についても影響を及ぼす。安全保障を巡っても人間中心の規範化は進行しているが，それを実行・実現に移すにはまだ高いハードルが残っている。

＊）このうち，2008 年 2 月に独立を宣言したコソボに派遣されている UNMIK は，所期の目的を達成したと言えなくもないが，コソボの独立を承認していないロシアの影響で引き続き活動している。PKO でさえ，大国協調の影響下に置かれている象徴的な事例である。

「帝国」の解体
植民地独立と開発援助

第 **6** 章

1　第一次世界大戦と「帝国」
2　国際連盟の委任統治制度
3　国連における二重基準の克服
4　復興支援から開発援助・貧困削減へ——国際経済システムの形成
5　冷戦後の開発援助・貧困削減

本章のポイント

第3章でも記したように，国際社会は，「文明・野蛮・未開」という三層からなる垂直的な構造であった。というよりも，西ヨーロッパ国際体系とは，本来的にヨーロッパ中心のシステムであることを出発点としていた。そこでは，帝国による異民族支配や，ヨーロッパ以外の地域の植民地化は当然視されていた。本章は，「国際機構が植民地を解放した」という単純な視点には立っていない。国際連盟において委任統治制度が導入されたが，これはあくまでも敗戦国植民地を対象とするものであった。とはいえ，国際連盟なり国連の存在が，最終的に植民地独立を後押ししたのは事実だろう。本章では，［図 3-1］から［図 3-2］へのシフトとその含意としての開発援助問題を考えることにしたい。

1　第一次世界大戦と「帝国」

「19 世紀は帝国主義の時代であった」とされる。帝国も帝国主義

も多義的だが，ここでは「国民国家である大国が植民地を支配し，内部に支配＝従属という関係が成立している体制」を帝国（植民地帝国）とし，そのような体制の維持・拡充を図る動きを帝国主義と捉えておく［半澤 2010：6］。［図3-1］の「文明・野蛮・未開」は国際社会全体の構造を示すものであるが，帝国は自らの内部に「中心・半周縁・周縁」という形で「文明・野蛮・未開」を抱えた構造だとも考えられる。19世紀後半以降，東アジアに進出したヨーロッパの植民地帝国は，日本や中国（清）と条約を結び，自らの自由貿易体制に組み込んでいく。さらに朝鮮王朝については，日本が1876年に不平等条約である日朝修好条規を締結したのを皮切りに，1882年から86年にかけて，アメリカ，清そしてヨーロッパ諸国と条約を結んでヨーロッパ国際社会に組み込まれていく。

　当時の東アジア情勢を考える上では，ロシアの南下政策に対する対抗という政治的・軍事的側面に加え，イギリスを中心とした当時の自由貿易体制を拡大する上で，完全な植民地体制（公式帝国）ではなく，条約を通じてヨーロッパ諸国やアメリカ側に有利な交易条件を設定した上で影響力を行使する体制（非公式帝国）を構築したという見方もできる［Gallagher and Robinson 1953］。さらに自由貿易体制の維持・拡大にあたり，政府に加えて，貿易・通商を担う金融業・保険業・海運業・貿易商（商社）といった私企業の役割も大きい。また，ヨーロッパ諸国が世界各地にキリスト教の伝道を進めたのは，宗教を通じてヨーロッパ諸国への支持を取り付け，それに付随する形でヨーロッパの言語を教育する思惑もあった。

　第一次世界大戦は，ヨーロッパの帝国間の戦争であったが，当然，帝国内部にも大きな影響を与えた。帝国本国が戦争を決意すれば，植民地も当然に参戦することになるからである。このような第一次世界大戦の構造的性格は，戦争終結後の国際秩序の再構築に対しても大きな意味をもった。その一つが，すでに第2章で触れた，戦争

の再発の防止を目的とした国際連盟の創設であることはいうまでも
ない。二つ目は，イギリスにおいて顕著であるが，本国と白人移住
植民地（ドミニオン）やインドとの関係の変化であり，ドミニオンと
インドは厳密な意味での独立国家ではなかったが国際連盟への加盟
を認められ，国際的な地位を高めることになる。第三に，国際連盟
が敗戦国の植民地に対して委任統治制度という国際管理を実施する
ようになったことである。

　これまで国際機構論では強く認識されてこなかったが，国際社会
の組織化は 19 世紀的な意味での帝国主義体制の変容・解体と深く
結びついている。［図 3-1］から［図 3-2］へという国際社会像の変
化は，植民地帝国体制の否定であるが，その過程での国際連盟や国
連の存在を見逃すことはできない。他方で，それぞれの世界大戦の
戦勝国が，自らの影響力の低下を招く恐れがある植民地帝国体制の
否認を自ら意図した訳ではない。むしろイギリスは，一貫して自ら
の影響力を保持するために国際連盟や国連を利用しようとしてきた。
にもかかわらず，第一次世界大戦が「イギリス帝国の終焉の始ま
り」［後藤 2014：26］と評価されるのはなぜか。この点については，
イギリス（帝国）史研究の文脈で豊富な先行研究が存在するが，国
際機構論的な視点で考えていくことにしたい。

2　国際連盟の委任統治制度

■『14 カ条』とスマッツ

　『14 カ条』の第 5 項目では，「すべての植民地に関する要求を，
自由かつ偏見なしに，絶対的に衡平な形で調整すること。その際，
関係する住民の利益が主権を巡る問題を決定する予定である政府の
公正な要求と対等な比重を持つべきであるという原則が厳格に守ら
れなければならない」とされている。この一文は，ドイツの植民地

を念頭に置いたものとされている [高橋 2019：263]。イギリスやフランスの植民地をも対象とするなら，当然，国際連盟設立を巡る交渉は難航するであろうから，ウィルソンはあくまでも敗戦国の植民地に限って**民族自決（自己決定）原則**の適用を念頭に置いていた [草間 1990：136-137]。また第6項目から第13項目をみれば，主権国家として独立すべき地域と考えていたのは西ヨーロッパ並みに「文明化」していると考えられる地域に限定されていた。

しかし，ウィルソンに具体的な構想があったわけではない。敗戦国となるドイツ帝国やオスマン・トルコ帝国が保有する中東・アジア・アフリカの植民地の処理方法を提案したのは，スマッツであった。彼の構想は，これらの植民地を国際連盟の監督下に置き，国際連盟からの委任を受けた国（受任国）に実際の統治を委ねる，という**委任統治制度**であった。スマッツの戦後国際秩序構想の根幹には，イギリス本国，ドミニオンとインド，さらに直轄植民地という三層構造があったが，それを敗戦国植民地の処理にも応用したものである。すなわち，進んだ国（文明国）が遅れた敗戦国植民地を管理する，というものである。ただし，委任統治制度の下に置かれる地域は，一定の範囲で国際連盟の権限を認め，受任国は「国際連盟に代わって」，すなわち，国際連盟の委任を受けて統治を行う，という仕組みである。国際連盟が文明国によって構成される国際社会の象徴的存在である，という発想に立っていたのである。

具体的には，1918年12月16日のスマッツ草案に若干の修正を施したものが，1919年1月10日のウィルソンの第二草案となった。その主要点をまとめると次のようになる [Miller 1928a：87-89]。

1）オーストリア＝ハンガリー，トルコ，ドイツの植民地について，国際連盟が最終処分または継続的施政の主権的権利を持つ。かつ，この帰属および管理は，あらゆる国家による併

　　　合の一切の権利または特権を排除する。

　　2）これらの人民または領土に対して必要な権力，監督または
　　　施政は，直接国際連盟により，または他の者によって国際連
　　　盟に代わって行使される。

　　3）対象領土の人民に，国際連盟への出訴権を認める。受任国
　　　は国際連盟加盟国に門戸開放または機会均等政策を維持する。
　　　受任国は，内部的治安を超える兵力を維持しない。

　このウィルソンの基本方針は，**植民地統治の人道化**と，**植民地開**
発および**通商の門戸開放を保障**するという意味で，ウィルソン自身
の理想主義的側面と，アメリカの経済的・現実的利益の確保，とい
う二つの側面がある［田岡 1941：27］。というのも，1917 年にアメリ
カが参戦した際，ドイツ領はすでに他の同盟諸国の手に落ち，連合
国側はそれぞれ戦後の併合を目論んでいたからである［田岡 同上書］。
また，中東地域については，イギリス・フランス・ロシアの間でオ
スマン帝国の分割についてサイクス＝ピコ協定も結ばれていた
（1916 年 5 月 16 日）。

　旧ドイツ領植民地についてどの国が受任国となるかを巡って，イ
ギリスとドミニオンの間では鋭い意見の対立があった。南アフリカ
はドイツ領南西アフリカ（現在のナミビア），オーストラリアとニュ
ージーランドは南太平洋諸島の領有を望んでいた。イギリスが開始
した戦争に巻き込まれた以上，何らかの見返りを受けるべきだと考
えたのである。ウィルソンは強く反対したが，最終的には委任統治
制度を A 式（22 条 4 項），B 式（同 5 項）および C 式（同 6 項）という
3 種類に分けることで合意し［マクミラン 2007a：132-133］，国際連盟
規約 22 条となった。

　　第 22 条 1　今次ノ戦争ノ結果従前支配シタル国ノ統治ヲ離レタル殖

民地ニシテ近代世界ノ激甚ナル生存競争状態ノ下ニ未タ自立シ得サル
人民ノ居住スルモノニ対シテハ，該人民ノ福祉及発達ヲ計ルハ，文明
ノ神聖ナル使命ナルコト，及其ノ使命遂行ノ保障ハ本規約中ニ之ヲ包
容スルコトノ主義ヲ適用ス。

2　此ノ主義ヲ実現スル最善ノ方法ハ，該人民ニ対スル後見ノ任務ヲ
先進国ニシテ資源，経験又ハ地理的位置ニ因リ最此ノ責任ヲ引受クル
ニ適シ且之ヲ受諾スルモノニ委任シ，之ヲシテ聯盟ニ代リ受任国トシ
テ右後見ノ任務ヲ行ハシムルニ在リ。

3　委任ノ性質ニ付テハ，人民発達ノ程度，領土ノ地理的地位，経済
状態其ノ他類似ノ事例ニ従ヒ差異ヲ設クルコトヲ要ス。

4　従前土耳其帝国ニ属シタル或部族ハ，独立国トシテ仮承認ヲ受ケ
得ル程度ニ達シタリ。尤モ其ノ自立シ得ル時期ニ至ル迄，施政上受任
国ノ助言及援助ヲ受クヘキモノトス。前記受任国ノ選定ニ付テハ，主
トシテ当該部族ノ希望ヲ考慮スルコトヲ要ス。

5　他ノ人民殊ニ中央阿弗利加ノ人民ハ，受任国ニ於テ其ノ施政ノ責
ニ任スヘキ程度ニ在リ。尤モ受任国ハ，公ノ秩序及善良ノ風俗ニ反セ
サル限リ良心及信教ノ自由ヲ許与シ，奴隷ノ売買又ハ武器若ハ火酒類
ノ如キ弊習ヲ禁止シ，並築城又ハ陸海軍根拠地ノ建設及警察又ハ地域
防衛以外ノ為ニスル土民ノ軍事教育ヲ禁遏スヘキコトヲ保障シ，且他
ノ聯盟国ノ通商貿易ニ対シ均等ノ機会ヲ確保スルコトヲ要ス。

6　西南阿弗利加及或南太平洋諸島ノ如キハ，人口ノ稀薄，面積ノ狭
小，文明ノ中心ヨリ遠キコト又ハ受任国領土ト隣接セルコト其ノ他ノ
事情ニ因リ受任国領土ノ構成部分トシテ其ノ国法ノ下ニ施政ヲ行フヲ
以テ最善トス。但シ受任国ハ，土著人民ノ利益ノ為前記ノ保障ヲ与フ
ルコトヲ要ス。

7　各委任ノ場合ニ於テ，受任国ハ，其ノ委託地域ニ関スル年報ヲ聯
盟理事会ニ提出スヘシ。

8　受任国ノ行フ権限，監理又ハ施政ノ程度ニ関シ，予メ聯盟国間ニ
合意ナキトキハ，聯盟理事会ハ，各場合ニ付之ヲ明定スヘシ。

9　受任国ノ年報ヲ受理審査セシメ，且委任ノ実行ニ関スル一切ノ

> 事項ニ付聯盟理事会ニ意見ヲ具申セシムル為，常設委員会ヲ設置ス
> ヘシ。

　具体的にいえばA式はアラブ地域であり，第二次世界大戦までに
独立を達成した。B式は，旧ドイツ領のアフリカ植民地であり，イ
ギリス，フランス，ベルギーなどが受任国となった。それ以外の地
域（C式委任統治領）については，南アフリカ，オーストラリアなど
が受任国となったが，それは実質的には「併合」であった。そのた
め，委任統治を巡る議論は，「理想よりも帝国主義的欲望を強く印
象づけるもの」［後藤 2014：44］となったのである。なお，日本も赤
道以北の旧ドイツ領諸島の受任国となり，**南洋諸島**として，第二次
世界大戦敗戦時までC式委任統治領として統治した。

■ 委任統治の意義──神聖な偽善？

　改めて連盟規約 22 条 1 項にある，「文明ノ神聖ナル使命」という
表現に注意してほしい。これはもともと，「**信託（トラスティーシッ
プ）**」と呼ばれる考え方を基礎としており，「文明社会（ヨーロッパ）」
が「非文明社会」を開化させることを正当化する言説である（第 3 章
参照）。しかし，委任統治，特にC式委任統治は実質的には併合であ
り，ウィルソンの本来の狙いとも異なり，「**神聖な偽善**（sacred hypoc-
risy）」［Bain 2003：101-105］として批判されることが多い。というの
も，ウィルソンの理想主義的委任統治案は，すでにベルサイユ会議
の以前から，他の連合国の思惑の前に骨抜きにされていたからであ
る。また，国際連盟に対する義務も，理事会への「年報」の提出に
留まっていた。

　とはいえ，委任統治の管理については，1 項で「該人民ノ福祉及
発達ヲ計ル」という義務も課されていた他，5 項や 6 項では，統治
の基準が複数指定されていたし，年報の審査を行う委員も設置さ

れた。その意味で，従来通りの「悪い植民地主義」とは異なる，「良い植民地主義」の区別が生まれたともされる［桐山 2006：9］。この委任統治制度は，後に見る国連の下での植民地管理制度にも引き継がれることになり，国内統治のあり方を巡るガバナンスの問題，あるいは，途上国に対するさまざまな援助あるいは支援に関わる問題が出現していたとも考えられる。後にみるように，非植民地化が本格的に進行するのは国連設立以後であること，第二次世界大戦前に独立を果たしたのはＡ式委任統治領のみであること（その意味では，規約の規定は実現したともいえる）を考えると，委任統治制度を「神聖な偽善」と批判することも不可能ではない。ただし，中東欧諸国の独立やＡ式委任統治領の独立によって，委任統治領であるか否かを問わず他の植民地におけるナショナリズムを刺激したことは事実である上，国際連盟の活動がせいぜい二十数年であったことを考えれば，Ｃ式委任統治領の中でもいずれは独立を達成する地域が出現した可能性は否定することはできない。そのように考えれば，仮に「神聖な偽善」であったにせよ，委任統治制度は，従来の国際秩序の構造転換を促す，もう一つの契機をもたらしたといえるのである。

　また，独立国の形成は中東欧に限られていたが，ウィルソンの唱える民族自決主義は，各地の民族主義運動を活発化させた。委任統治制度は，第一次世界大戦に敗れた帝国の植民地を解放しただけでなく，勝利した側の帝国にも，「帝国の危機」を埋め込み，その後の「帝国の終焉」をもたらす契機ともなった［Pedersen 2015］。

3　国連における二重基準の克服

■ 国際信託統治制度と非自治地域

　国連憲章の下でも，植民地の国際的管理制度は温存された。ただ，国際連盟と異なるのは，**国際信託統治制度**と**非自治地域**という，基

準の異なる二つの制度が並存していることである。

国際信託統治制度は，委任統治制度の焼き直しであり，すでに委任統治の下にあった地域と第二次世界大戦の敗戦国（日本およびイタリア）から分離される地域を対象とするものであった（国連憲章 77 条 1 項 a, b）。他方，76 条 b は，この制度の目的として，信託統治地域の住民の政治的，経済的，社会的および教育的進歩を促進することに加え，「各地域及びその人民の特殊事情並びに関係人民が自由に表明する願望に適合するように，且つ，各信託統治協定が規定するところに従って，自治又は独立に向っての住民の漸進的発達を促進すること」（傍点筆者）が明らかにされている。すなわち，国連と施政国の責任として，信託統治地域を独立「させる」ことが目的とされたのである。

他方，憲章 76 条 a は，信託統治制度の基本目的として，まず「国際の平和及び安全を増進すること」と規定したこととの関係で，信託統治地域の中でも，特に「戦略地区」（82 条）を指定することができるとされた。これは，第二次世界大戦後の国際秩序における太平洋西部の重要性を認識していたアメリカが，日本の南洋諸島に信託統治制度を適用するにあたって考えついたものとされる。本来，信託統治制度については，信託統治理事会（憲章 13 章）の管轄であるが，同理事会は出席しかつ投票する理事国の過半数で票決が行われることとなっていた（89 条 2 項）。しかし，戦略地区については，「国際連合のすべての任務は，……安全保障理事会が行う」（83 条 1 項）ものとされ，要するにアメリカにとって都合の悪い決議案はすべて拒否権の対象となったのである。この制度の下，1947 年 4 月 2 日，安保理は決議 21 を通じて，全会一致で，旧南洋諸島をアメリカを施政権者とする戦略地区たる信託統治地域に指定した。

これに対し，非自治地域とは，戦勝国（イギリス，フランス，スペイン，ポルトガルなど）の植民地を対象としたものである。当初，ア

メリカは，戦勝国・敗戦国いずれの植民地であれ，委任統治領であれ，統一的な仕組みの下に置くことを目論んでいた。しかし，イギリスとフランスが強硬に反対し，最終的にサンフランシスコ会議で必ずしも「独立」を目的としない，あるいは，独立させるか否かはあくまでも宗主国に決定権を留保した形での非自治地域制度を設けた。信託統治地域は信託統治理事会の所管事項であるが，非自治地域を巡る問題をどこで議論するかは明示されず，むしろ宗主国の国内問題とされ，2条7項の規定により国連は干渉できないという形を維持した。このようにして，イギリスやフランスなどは自国の植民地を「死守」しようとしたのである。

　憲章73条柱書を見ても，宗主国は，「地域の住民の利益が至上のものであるという原則」を承認する一方，「この地域の住民の福祉を……最高度まで増進する義務並びにそのために次のことを行う義務を神聖な信託として受諾」（傍点筆者）するものとされ，直接的に「文明の神聖なる使命」という文言は用いられていないが，引き続き，従来通りの植民地保有を認めるという形式が残ることとなった。

■「植民地独立」はなぜ実現したか──「人民自決原則」との関係

　独立の達成が目標に掲げられた信託統治地域はともかく，非自治地域についても，今日では大部分が独立国となっている。その理由の多くは，宗主国側の政策変更によるものであるが，第二次世界大戦後の反植民地主義ナショナリズムが国連を「利用した」という側面もあり，その結果として，今日の国際社会は［図3-2］のような姿になったのである。その背景には，なにがあったのか。

　国連憲章1条2項は，「人民の同権及び自決の原則の尊重に基礎をおく諸国間の友好関係を発展させること」を，国連の目的の一つとして掲げている。しかし，この条文，とりわけ「人民」や「自決」が具体的に何を意味するかを巡って，同項が審議されたサンフラン

シスコ会議は紛糾した。仮に「人民」がすべての植民地住民を意味し，かつ，「自決」が独立を意味することになれば，宗主国の国内問題に留め置いた「非自治地域」も独立させなければならないことになる。ただ，非自治地域に関する憲章 73 条の規定も，国際信託統治制度に関する同 75, 76 条の規定も，1 条 2 項と文言上の明確な連携はないことから，1 条 2 項における「自決」には植民地の（自動的な）独立を含む既存国家からの分離を伴わない，と理解することで，2 条 4 項の「領土保全」との調和を図る解釈が国連設立時点では採られた。しかし，その後の国連での国家実行は，「人民の自決」と「基本的人権の尊重」を結びつけることを通じて植民地主義への批判を強め，結果として非自治地域制度は限りなく国際信託統治制度に接近していったのである。

■ 非自治地域を巡る国連総会の役割

　信託統治地域について施政国は信託統治理事会への報告義務を負い（憲章 87 条 a），同理事会も「各信託統治地域の住民の政治的，経済的，社会的及び教育的進歩」についての質問書を作成し，施政国は質問書に対する年次報告を総会に提出することとされていた（同 88 条）。他方，非自治地域については，「経済的，社会的及び教育的状態に関する専門的性質の統計とその他の資料を，安全保障及び憲法上の考慮から必要な制限に従うことを条件として，情報用として事務総長に定期的に送付すること」（同 73 条 e。傍点筆者）だけとされていた（政治的な進歩に関する情報は除外されている）。すなわち，信託統治地域とは異なり，非自治地域に関する報告書は，国連憲章上は，あくまで「情報用」であって，総会その他の機関による審査の対象ではなかった。さらに，施政国の中には，植民地に「形式的自治」を与え，非自治地域の対象外とする国も現れた。

　これに対し，事務総長は 73 条 e に基づく報告書を検討するため

の委員会の設置を提案した。当然, 施政国側は2条7項を根拠に反対の姿勢を見せたが, 最終的には,「非自治地域の情報に関する委員会」が設置され, さらに非自治地域がどこであるかを決定する権限も委員会に認められるようになった。このような動きを通じて, 憲章1条2項にいう「自決」は, 単なる「自治の達成」から「独立」を意味するものに変化していったのである。その背景に, 国連にはかつて植民地支配を受けた経験を有する国（A式委任統治領だった国を含む）が加盟しており, 反植民地主義的傾向があったこと, また, ソ連も反帝国主義の立場から植民地に対して同情的であった。また, 国連設立後に加盟した国の多くも, 植民地から独立を達成した国が多く, 彼らの反植民地主義の立場も鮮明であった。また, 総会での意思決定は多数決であるから, そもそも植民地保有国にとって形成が不利であることは明白だった。

　国連は第二次世界大戦中の連合国, とりわけイギリスとアメリカが中心となって設立したものである。しかし, そのことは設立後も国連が連合国（の大国）の思惑に沿って活動することを意味しない。むしろ, 1950年代から60年代にかけて, 国連加盟国の顔ぶれは一変した。1960年末までの新規加盟国は44カ国で, 国連設立時の原加盟国（51カ国）とほぼ並ぶ。しかも, そのうちの25カ国はアフリカ諸国である。これらの諸国は当然, 反帝国主義の態度を示す。また, イギリスは「帝国」としての自らのイメージに固執していた一方, アメリカは冷戦構造の下でソ連との対抗上, 新興独立諸国を自らの陣営に留める戦略を採り, 植民地独立を支持するようになっていた。そのため1950年代半ば（スエズ危機からUNEF派遣時）から60年代（コンゴ独立からONUC派遣時）にかけて, イギリス・アメリカ関係も従来のような一枚岩ではなかった。大国が自らの権益を擁護するために設立した国際機構が, やがて大国の立場を失わせる場に変化していく。それがこの時期の国連の特徴であり, 国際社会の構

造変化をもたらしたのである。

このような状況の中で，国連の反植民地主義的性格を決定づけた
のが，1960 年に採択された「**植民地独立付与宣言**」（総会決議 1514
（XV），1960 年 12 月 14 日）と，その翌日に採択された「憲章 73 条 e
に基づく情報送付義務が存在するか否かを決定するにあたっての基
準に関する原則宣言」（同 1541（XV））であろう（さらに翌年には「植
民地独立付与宣言の履行状態に関する特別委員会」が設置され，「植民地独
立付与宣言」の実質的な「実施」体制が整えられた）。この年の総会では，
17 カ国の新規加盟が認められ，ほとんどがアフリカの新興独立国で
あったという意味でも象徴的な年である。

「植民地独立付与宣言」のポイントとして，次の点が挙げられる。

① 植民地主義は，基本的人権を否認し，国連憲章違反である。
② すべての人民は自決権を有し，その政治的地位を自由に決
　定する。
③ 政治的・経済的・社会的・教育的準備の不足を理由に独立
　を遅延させてはならない。

また，5 項では，信託統治地域と非自治地域が並列的に扱われて
いる。すなわち，非自治地域は，当初の植民地保有国の思惑とは異
なり，総会決議の積み重ねを通じて，信託統治地域制度に接近し，
すべての植民地保有を禁止する規範を形成させていったのである。
また，ここで特徴的といえるのは，①に見られる通り，植民地主義
が単に人民自決権違反だけではなく，基本的人権の否認であること
を明確にしていることである。「人民」の自決権と「個人」の人権
の関係をどう考えるかは，国際法学でも重要な論点だが，ここでは
立ち入らない。ただし，一点指摘しておくべきことは，植民地主義
の崩壊，あるいは，帝国主義の否定と「個人」の問題が直結してい

たということである。次に見るように，国際機構（とりわけ国連と国際金融機関）にとって新興独立諸国の発展（経済開発）が 1960 年代以降重要なアジェンダになるのだが，冷戦後に提起されることになる，国家レベルでの経済発展に加えて，個人の幸福追求・能力構築という意味で 1990 年ごろから盛んに議論されるようになった「**人間開発**（human development）」や「**人間の安全保障**（human security）」という発想の萌芽がすでにこの時期に見られたということである。

4　復興支援から開発援助・貧困削減へ──国際経済システムの形成

植民地が独立して主権国家になることで，新たな問題が生まれた。新興独立諸国の開発（ここでは，工業化を通じた経済成長，という意味で理解しておく）の問題である。時代は遡るが国際連盟の時代にも，連盟規約 23 条を通じて，一定の社会・経済分野の活動は行われており，その中には一定の成功を収めた分野もあった。これがどのように国連など第二次世界大戦後の組織形成につながっていったか，また，それが新興国の開発という新しい課題に直面したとき，どのように対応したかについて考えてみたい。

■ 経済・社会協力の組織化

国際連盟というと，集団安全保障の失敗が強調されるが，伝染病対策，人身売買防止，アヘン取締り，難民問題，知的国際協力といった分野では成功を収めていた［篠原初枝 2010：120-133］。このこともあって，1930 年代後半に入ると，国際連盟はより積極的に経済・社会問題に取り組むべきであるとの気運が高まるようになり，このような動きは 1939 年の『**経済社会分野での国際協力の発展に関する報告書**（通称，ブルース報告書）』として結実する。この報告書では，

国際連盟に新たに経済社会問題中央委員会の設置が提案されたが，その直後に第二次世界大戦が勃発した（ドイツのポーランド侵攻）ため，実現には至らなかった。

その後，アメリカ国内でもローズヴェルト大統領の**「四つの自由」演説**（1941 年 1 月）の中の「欠乏からの自由」や，同年 8 月の大西洋憲章の中で経済的分野での国際協力が謳われた（5 項）こともあって，戦後国際秩序における経済・社会面での国際協力の必要性が認識されるようになったのである。

ブルース報告書は日の目を見なかったが，第 3 章でも触れた，ミトラニーの機能主義は，主要国の政策形成に影響を与えた。その結果，戦後の秩序構想では，アメリカとイギリスが主導する形で，「経済的，社会的，文化的又は人道的性質を有する国際問題を解決することについて，……国際協力を達成すること」（憲章 1 条 3 項）が国連の目的の一つに加えられた。それは，憲章 55 条でも再確認され，国連を通じた経済的・社会的国際協力の実施のため，経済社会理事会を主要機関とすることがサンフランシスコ会議で決定された。また，国連設立交渉と並行して，あるいは，国連設立後に，分野ごとの国際機構設立の気運も高まった（第 2 章参照）。

また，1944 年 7 月，アメリカのニューハンプシャー州ブレトン・ウッズで，**連合国通貨金融会議**が開催された。この会議を受けて設立されたのが**国際通貨基金**（IMF）と**国際復興開発銀行**（IBRD）であり，両者を**ブレトン・ウッズ機構**と呼ぶこともある。前者の目的は主として為替の安定であり，後者の目的は第二次世界大戦後の戦勝国・敗戦国の復興および開発の援助である。

■ 開発援助問題の出現

開発援助といえば，「**政府開発援助**（ODA）」という用語を目にしたことがあるだろう。OECD の開発援助委員会（DAC）の定義に従

えば，現在，ODA とは，開発途上地域の開発を主たる目的とする
政府および政府関係機関による国際協力活動（経済の開発と福祉の向
上）を目的とした活動で，贈与（グラント）の占める割合が 25％以
上のものを指す。このうち，特定の援助供与国が特定の開発途上国
に直接資金を提供するものを「**二国間援助**（バイラテラルの援助）」
といい，援助供与国が国際機構に資金提供するものを「**多国間援助**
（マルチラテラルの援助）」と呼ぶ。比較的早期（1940 年代末）に非植民
地化を達成したアジア地域においては，旧宗主国が中心となる形で
新興独立諸国に対する経済援助が問題として認識されるようになっ
た（典型例が 1950 年のコロンボ・プランである［秋田 2017：9］）。

　国連では，まず地域ごとの経済委員会をヨーロッパ，アジア・極
東（現在はアジア・太平洋），ラテンアメリカに設置することから始め，
途上国支援という文脈では，1949 年に「拡大技術援助プログラム
（EPTA）」の設置が嚆矢とされる［大平 2008：6］。この EPTA の下
に 1958 年に特別基金が創設され，その後この二つを統合する形で
1965 年に設立されたのが，総会の補助機関である**国連開発計画**
（UNDP）である。UNDP の当初の目的は，開発途上国に対する技術
援助に加え，他の補助機関や専門機関，ブレトン・ウッズ機構との
調整役となることであった。冷戦期間中の国連システムを通じた開
発援助は，冷戦の影響や各国際機構・補助機関の権限の重複，資金
不足などもあって，必ずしも効率的に実施されたわけではない。
UNDP に関しては，冷戦終結後になってから存在感を増したともい
える。

　このような状況の下，1960 年代に数を増やした新興独立諸国は，
先進国（北）主導の開発援助政策への不満を高めた。それは，従来
の国際経済秩序が先進国に有利な構造であり，新興独立諸国（南）の
経済的自立が妨げられている，という不満であった。この国際経済
秩序の構造問題を**南北問題**という。南北問題は，東西対立の影響も

受けていた。東西両陣営が戦略的な関心で開発援助政策を展開したからである（戦略的援助）。これに対して，南側諸国は結束して，自らの経済的自立を目指した。この動きは，とりわけ，自国産の天然資源を自らの手で開発し，それを基に経済発展を図る，という「資源ナショナリズム」という形で現れた。南側諸国の結束は，すでに1955 年の**アジア・アフリカ会議**（開催地からバンドン会議と呼ばれる）にもみられたが，1961 年には**非同盟諸国会議**が結成され，ここを中心に問題を国連総会に持ち込んだ。彼らが，国連総会をフォーラムとして選んだのは，ブレトン・ウッズ機構は意思決定方式に加重表決制（第 10 章参照）を導入しているため，南側諸国の意見は通りにくい。これに対して国連総会は，国の大小や貧富の格差に拘わらず，一国一票方式であるから，数に勝る南側諸国の要求が通りやすかったためである。彼らは，1964 年に，国連総会の補助機関として「**国連貿易開発会議**（UNCTAD）」の設置に成功し，ここを足がかりとして，「**新国際経済秩序**（NIEO）」の樹立を求める動きを強めた。

　NIEO の主張には，内政不干渉・経済社会体制の自由選択権といった南側諸国の国家主権を巡る問題からはじまり，資源ナショナリズム，先進国に基盤を置く多国籍企業の南側諸国での活動規制，貿易の拡大，資金援助など幅広い論点が含まれていた。NIEO 樹立の動きが頂点となるのは，1974 年に開催された国連資源特別総会（第6 回特別総会）であり，そこでは「NIEO 樹立に関する宣言」など，南側諸国に有利な主張を盛り込んだ決議の採択に成功した。しかし，それ以降，NIEO 樹立運動は下火となっていく。その理由は，NIEO の内容が過激で，北側諸国の協力が得られなかったこと，南側諸国の中でも工業化に成功した国や産油国など「豊かな」グループとそうではないグループの間での格差が生まれ，南側諸国の足並みが乱れたことなどが挙げられる。やがて冷戦終結後には，開発援助に新たな考え方が採り入れられるようになり，NIEO そのものが

語られる機会は著しく減少することになった。

5　冷戦後の開発援助・貧困削減

■ミレニアム開発目標

　2000年9月の国連総会（ミレニアム・サミット）で採択された，国連ミレニアム宣言に基づいて作成された，2015年を目標年とする開発援助政策のパッケージを**ミレニアム開発目標**（MDGs）という。そこでは，①極度の貧困と飢餓の撲滅，②普遍的初等教育の達成，③ジェンダー平等の推進と女性の地位向上，④乳幼児死亡率の削減，⑤妊産婦の健康の改善，⑥ HIV/AIDS（エイズ），マラリア，その他の疾病の蔓延防止，⑦環境の持続可能性の確保，⑧開発のためのグローバル・パートナーシップの推進，の八つの目標の下に，全体で18のターゲット（何をどこまで達成するか）が定められた。MDGsの特徴は，これまで，各国際機構，補助機関・基金ごとに設けられていた開発援助目標を統合したところにあり，数年ごとに達成状況をチェックする体制も整えられていた。また，多くの目標が「個人」に着目した目標・ターゲットになっている点も特徴的であった。

■「持続可能な開発目標」への期待

　MDGsの後継となる開発援助目標が「**持続可能な開発目標（SDGs）**」である。目標年は2030年と定められ，詳細は［表6-1］の通りである。

　外務省ホームページ［https://www.mofa.go.jp/mofaj/gaiko/oda/sdgs/pdf/SDGs_pamphlet.pdf（last visited 8 June 2023)］からも明らかなように，SDGsはMDGsで未達成の課題に引き続き取り組むとともに，経済成長と雇用，持続可能な都市，持続可能な生産と消費，気候変動，海洋資源，陸上資源，平和，といった，MDGsには入ってい

表 6-1 持続可能な開発目標（SDGs）の詳細

目標1 （貧困）	あらゆる場所のあらゆる形態の貧困を終わらせる。
目標2 （飢餓）	飢餓を終わらせ，食料安全保障及び栄養改善を実現し，持続可能な農業を促進する。
目標3 （保健）	あらゆる年齢のすべての人々の健康的な生活を確保し，福祉を促進する。
目標4 （教育）	すべての人々に包摂的かつ公平な質の高い教育を確保し，生涯学習の機会を促進する。
目標5 （ジェンダー）	ジェンダー平等を達成し，すべての女性及び女児の能力強化を行う。
目標6 （水・衛生）	すべての人々の水と衛生の利用可能性と持続可能な管理を確保する。
目標7 （エネルギー）	すべての人々の，安価かつ信頼できる持続可能な近代的エネルギーへのアクセスを確保する。
目標8 （経済成長と雇用）	包摂的かつ持続可能な経済成長及びすべての人々の完全かつ生産的な雇用と働きがいのある人間らしい雇用（ディーセント・ワーク）を促進する。
目標9 （インフラ，産業化，イノベーション）	強靭（レジリエント）なインフラ構築，包摂的かつ持続可能な産業化の促進及びイノベーションの促進を図る。
目標10 （不平等）	各国内及び各国間の不平等を是正する。
目標11 （持続可能な都市）	包摂的で安全かつ強靭（レジリエント）で持続可能な都市及び人間居住を実現する。
目標12 （持続可能な生産と消費）	持続可能な生産消費形態を確保する。
目標13 （気候変動）	気候変動及びその影響を軽減するための緊急対策を講じる。
目標14 （海洋資源）	持続可能な開発のために海洋・海洋資源を保全し，持続可能な形で利用する。
目標15 （陸上資源）	陸域生態系の保護，回復，持続可能な利用の推進，持続可能な森林の経営，砂漠化への対処ならびに土地の劣化の阻止・回復及び生物多様性の損失を阻止する。
目標16 （平和）	持続可能な開発のための平和で包摂的な社会を促進し，すべての人々に司法へのアクセスを提供し，あらゆるレベルにおいて効果的で説明責任のある包摂的な制度を構築する。
目標17 （実施手段）	持続可能な開発のための実施手段を強化し，グローバル・パートナーシップを活性化する。

〔出典〕外務省ホームページを基に筆者作成

なかった項目や，単に途上国の問題ではないものも含まれている。SDGs はまだ始まったばかりであり，今後の実現が期待される。

　以上，本章では，植民地独立と開発援助，という一見すると別の問題に見えるテーマを一度に扱った。それは，開発援助が，帝国主義の時代における植民地の「福祉」の問題の延長線上に位置づけられる，という認識に基づいている。本章冒頭でも問題提起したが，国際社会は，19 世紀の階層的な秩序から，20 世紀半ばには［図3-2］のような普遍的な主権国家体制へと形を変えていった。そこに，人権，人民自決原則，近年の開発援助政策における「人間中心性」を見て取ることは容易であろう。［図3-3〜3-5］で示したように，単に「国際社会イコール主権国家体制」ではなく，「国際共同体」あるいは「世界市民主義」的国際社会の実現に向けて，国際機構が役割を果たしてきたことが理解できよう。では，「持つ者」が「持たざる者」に介入する言説としての「信託（トラスティーシップ）」という考え方は，消滅したのだろうか。例えば，「構造調整」は，援助にあたって被援助国の内政・国内体制の改革を求めるものであった。開発援助のプロセスにおいてもトラスティーシップ的な発想があったとされることもある［五十嵐 2016：4 章］。二国間の開発援助はもちろん，国際機構を通じた開発援助も，決して純粋な慈善活動として行うものではなく，「持つ者」が「持たざる者」に介入することで初めて成立するものである。そのように考えると，今日においても 19 世紀的な意味での「信託」概念と紙一重の構造が残っている，いいかえれば，「不可視化された帝国と植民地の構造は未だに残っている」と考えるべきではないだろうか。次章では，国際社会が組織化する過程で広く「福祉」という考え方をいかに取り込んでいったかについて，改めて検討する。

国際社会における福祉の実現

第 **7** 章

本章のポイント

第 6 章では，植民地が独立した後，新興独立国（途上国）の開発援助が国際的な課題となった過程を取り上げた。今日の途上国援助では，国単位より個人を単位とした「開発」が課題となっている。「人間の安全保障」や「持続可能な開発目標（SDGs）」も，究極的には個人レベルでの生命・生存の保障や潜在能力の開発といったことが重視されている。本章では，そのような人間中心主義が 20 世紀末に突然登場したわけではなく，国際社会の組織化の過程の中で徐々に芽生え，さらに国連を通じた人権の国際的保障の充実という歴史的経緯の延長線上に位置づけられるのではないかという問題意識を設定している。

1　福祉とは

　国内社会において「福祉（welfare）」は大きな政策課題である。例

えば日本では，少子化や高齢化への対策，あるいは，重篤な疾病や障害のある人をいかに社会に包摂するかといった政策分野は一般に（社会）福祉政策と呼ばれる。福祉政策の原点は，16世紀初頭以降のイングランド（イギリス）の救貧政策に遡る。当時のイングランドでは，農地の囲い込みや毛織物工業の隆盛により，貧民・失業者のような社会的弱者への対策が急務となっていた。彼らを放置することは，社会を不安定にするからである。1601年のエリザベス救貧法では，国家全体の事業として救貧対策を行うこととしたが，それは貧民・失業者を救済すると同時に，国内の治安維持を目的としたものでもあった。資本主義の発達を需要と供給の自由競争に委ねれば，当然，格差は拡大する。そのような格差を放置すれば社会不安を招くので，社会的弱者の救済という意味での福祉政策は，社会秩序の安定を目指すという意味での治安維持と表裏一体の関係に立つ。

　福祉政策はあくまでも一国内の問題を端緒としているが，19世紀以降，近代国際秩序の形成は，福祉政策についても国際的な対応を求めるようになる。産業革命を通じて資本主義が世界規模に拡大することで，社会的弱者を巡る問題も国際化したからである。第6章でも触れたように，植民地独立に伴って新興独立諸国の「開発」の問題が出現した。それは国単位での経済成長の問題であると同時に，被援助国の住民個人の貧困削減という問題でもある。

　「**ミレニアム開発目標（MDGs）**」であれ，「**持続可能な開発目標（SDGs）**」であれ，貧困，飢餓，保健衛生という個人レベルの福祉を巡る問題が真っ先に掲げられていることは象徴的である。教育やジェンダー間の平等が「開発」という文脈で取り上げられるということは，単に経済的な意味での福祉だけではなく，精神的な意味での個人の生き方，さらにいえば，個人の尊厳や「善き生（well-being）」［馬路 2012：17］の確保という問題にも国際社会レベルで取り組むという決意の表れである。まさに国際機構が，国際共同体あるいは世

界市民主義の実現に向けた役割を担うべきであるという，期待を込めた理解である。本章では，福祉という言葉を広く「さまざまな個人の善き生の実現」と捉えた上で，国際社会の組織化との関わりを考えてみたい。ただし，福祉を巡る問題が主権国家体制の枠組みの中で議論されるということは，それぞれの時代の国家間関係の影響から無縁であるということではないことに留意が必要である。

2　19世紀後半から国際連盟設立まで

■ 保健衛生──貿易の促進か感染症の予防か

　福祉に関わると考えられる国際社会の組織化の中で，比較的早い段階で国際会議が開催された分野の一つに保健衛生がある。

　人類の歴史はさまざまな感染症との闘いの歴史である。ヨーロッパ諸国がヨーロッパ域外の地域との貿易を盛んにするにつれ，ペストやコレラといった感染症をヨーロッパにもたらし，繰り返し大流行を引き起こした。歴史的には14世紀半ばになると，ベネツィアが入港する船舶を40日間，検疫のために隔離するという措置をとるようになった。感染症の拡大防止という意味では福祉の問題といえるが，隔離措置は人や貨物の移動にとっての規制であるから，19世紀における国際貿易の増大にとっては障害となるものであり，防疫を優先するか自由貿易を優先するかは，しばしば関係国の政治的論点となった。当時の医学水準には，感染症の起源や有効な対策について十分な知見がなかったからである（例えばコッホがコレラ菌を発見するのは1884年である）。この点は，2019年12月に始まった新型コロナウイルス感染症対策として，国境を越える人の移動を厳しく制限したのと同様である。

　1838年にはコンスタンティノープル（トルコ。現在のイスタンブール），40年にはタンジール（モロッコ），43年にはアレキサンドリア

（エジプト）に**国際衛生理事会**と呼ばれる組織が設置された。3 カ所ともヨーロッパ諸国の船舶の寄港地である港湾都市であるから，検疫や衛生上の措置を実施する場所としては合理的に見える。しかし，当時，オスマン・トルコ帝国は弱体化していたし，モロッコやエジプトはフランスとイギリスの強い影響下にあった。したがって，国際衛生理事会は，ヨーロッパの大国が地理的な周辺地域に干渉的な影響力を行使するための手段としても理解できる［最上 2016：39］。

　1851 年になると，パリで第 1 回国際衛生会議が開かれた。それまでにも会議開催が試みられたが失敗し，この第 1 回会議でも条約作成までには至らなかった。自由貿易を重視するイギリスが隔離措置に反対したり，フランスも国内に見解の対立はあったものの，公式には通商の拡大を優先したりしたかったからである［豊田 2022：167］。国際条約が初めて締結されたのは 1892 年の第 7 回国際衛生会議であり，その後，93 年，94 年，97 年に改正され，1903 年にヨーロッパ諸国やアメリカを含む 23 カ国が参加した国際衛生条約が作成された。この一連の経験は，国際連盟衛生機関（LNHO）に引き継がれ，第二次世界大戦後の 1946 年の**世界保健機関（WHO）**設立へとつながっていく［安田 2014，詫摩 2020，西 2022］。

■ 奴隷貿易の廃止

　奴隷制度は古代ローマにも見られるが，18 世紀後半以降のヨーロッパやアメリカでの啓蒙思想の広がりや人権観念の拡大に伴い，倫理的・宗教的な立場からの反奴隷運動がみられるようになる。これは国家主導というより，今日でいう NGO の活動に端を発するものであった［Reinalda 2009：37］。一方，同時代を生きたアダム・スミス（1723-90 年）のような自由主義経済学者は，労働力についても自由な市場での交換の方が多くの利潤を生むと主張したので，純粋に人道上の観点のみから奴隷制廃止が唱えられたわけではない。イギ

リスは，1815年のウィーン会議において，ヨーロッパにおける奴隷貿易廃止を主張した。当時，フランス，ポルトガル，スペインといった諸国が奴隷貿易を行っていたからである。さらに，1840年と43年には，反奴隷制を掲げるイギリスのNGOが，ヨーロッパ諸国やアメリカにおいても同様のNGOを設立し，それぞれの国内世論の変化を促すための国際反奴隷会議を開催した［Reinalda 同上書：37-38］。交通・通信手段の発達により，国境を越えたNGOの交流も可能になっていたのである。

　1885年のベルリン会議は，アフリカの植民地分割について合意した会議として有名であるが，その際に採択されたベルリン協定には，アフリカとの奴隷貿易を禁止するための具体的な組織体の形成についての合意も含まれていた。これを受けて90年のブリュッセル会議で，アフリカのザンジバル（現在のタンザニア沖のインド洋にある諸島）に**反奴隷貿易国際海事事務局**が設置された［Reinsch 1911：64］。

　なお，奴隷というと非白人を思い浮かべるが，白人奴隷（white slave）貿易の慣行も存在した。今日でいう労働力を確保することを目的とした人身売買であるが，これについても19世紀末以降，その取り締まりの気運も高まった。具体的な国際行政連合の設立には至らなかったが，イギリスやフランスを中心とした諸国の警察間の協力関係が構築され，その後，女性や児童を対象とした人身売買の監視を国際連盟の任務とすることを規定した国際連盟規約23条（ハ）につながっていく。

■ 労働者の保護

　資本主義経済の構造上，労働力の確保を市場での自由な取引に委ねていれば，必然的に労働者を取り巻く環境は悪化する。また，労働者を劣悪な環境に置けば生産コストは下がるから，国際的な競争力が上がり，市場メカニズムにも歪みが生じることになる。そこで，

1889 年，スイス連邦参事会が国際会議の開催を呼びかけた。最終的には，会議は 1890 年にベルリンで開催され，炭鉱労働，週 1 日の休日の設定，女性や児童の労働についての国内法制のあり方が議論されたが，条約の作成には至らなかった。1897 年にはスイスのチューリッヒで各国の労働者団体の代表による会議が開催され，ブリュッセルでは国際法学者と経済学者による政府間の会議が開催された［Reinsch 1911：42-44］。

　これらの流れを受け，1901 年には，**国際労働事務局**が設立される。国際労働事務局への各国の代表団は，国家代表の他に使用者と労働者も含まれているという点が特徴的である［Reinsch 同上書：44］。すでに労働者団体の国際的なネットワークも形成されており，労働者自身の声を各国の労働法制に反映させる意図があったと考えられる。この国際労働事務局の主要な任務は，各国の労働法制や関連の文書を公刊することや労働法制の研究と国際的な調和を促進することであり，必ずしも各国の労働者の直接的な保護を目指すものではなかった［Reinalda 2009：166］。国際労働事務局は，第一次世界大戦後の 1919 年，**国際労働機関（ILO）**によって発展的に解消された。

　労働者の権利を保護するということは，一方では人権保障という意味を持つが，労働者の不満を放置することが労働争議を招き，さらには社会不安や革命につながるという意味で各国の体制の維持という観点からも無視できない問題であった。すでに労働者は各国で一定の政治的発言力も保持し，政党を結成する動きもあった（イギリスで労働党が発足するのは 1906 年である）。19 世紀を通じた資本主義の発達は，各国の政治構造をも一変させたのである。

3　国際連盟・国連システムと福祉

■ 国際福祉主義の誕生

　19 世紀を通じた国内社会構造の変化は，国家そのもののあり方を変えた。従来，国家の役割を警察や安全保障に限定する「**夜警国家**」観が主流であったのに対し，19 世紀末以降，国民の生活を安定・向上させることこそが国家の役割であるとする，後に「**福祉国家**」と呼ばれる考え方が登場したのである。福祉国家観の下で国家は，さまざまな社会政策を通じて国民生活に介入していくことが求められる。徴税を通じた所得の再分配や，保険料徴収を通じた公的保険・年金，各種の保健衛生政策などが代表例であろう。このような福祉国家的な政策を国際社会レベルでも実現すべきであるという考え方が国際福祉主義であり，第一次世界大戦期から国連システムがおおよそ構築されるまでの間，複数の構想が示された（第 3 章で取り上げた機能主義も国際福祉主義の一つといえる）。

　国際福祉主義の特徴は，前提として，国内社会にみられる仕組み・制度を国際社会にも移植することで，国際社会の秩序構築を目指すべきであるという「国内類推（domestic analogy）」の考えに立っていることである。そのような考えに立脚していたと考えられる一人が，イギリスのアルフレッド・ジマーンである。ジマーンは第一次世界大戦中，外務省員として国際連盟構想に関する詳細なメモランダムを 1918 年 11 月に提出しており［Zimmern 1936：196-208］，すでに国際行政連合などで取り扱われてきた分野に加え，産業条件，金融・通貨，貿易条件の対等化なども含めた制度を構築することで経済的・社会的領域に属する問題が世界の平和に対する脅威になることを回避できると主張した［馬路 2012：22］。すなわち，「グローバルな経済的相互依存状況を齎したと認識される自由主義経済を世

界大の見地から精神的かつ人為的に統御しつつ，有機的性質を帯び
る国際的福祉社会の構築を目的とする」［馬路 同上論文：25］（ルビ筆
者）という構想を抱いていたのである。

■ 国際連盟規約と国際福祉主義

　ジマーンの構想は，必ずしも十分には国際連盟規約に反映されて
はいない。ジマーンがメモランダムを提出するよりも先にウィルソ
ンの『14 カ条』が提出されており，その中で「通商関係の平等」
（第3項）が盛り込まれていた以外には，諸国間での人道・社会・経
済問題への言及がなかったことも影響した可能性はある。

　それでも国際連盟規約 23 条では，①公平かつ人道的な労働条件
の確保とそのための国際機構の設立，②植民地も含めた住民に対す
る公正な待遇，③女性や児童の人身売買，アヘンなどの薬物の取引
に対する監視，④交通・通過の自由と通商における衡平待遇，⑤疾
病の予防と撲滅，を国際連盟の任務とすることが規定された。また，
24 条では既存の国際行政連合の事務局を関係国の合意に基づいて国
際連盟の指揮下に置くことも規定されており，国際連盟が一定程度，
人道・社会・経済問題に関与することは予定されていた。その結果，
先に触れた保健衛生や知的国際協力などの分野で一定の成果を収め，
第二次世界大戦後の世界保健機関（WHO）や**国連教育科学文化機関
（UNESCO）**の設立につながった。とりわけ，これらの分野での活
動には，アメリカも実質的に関与し，国際機構が福祉の分野で存在
感を示すことができるという実績を蓄積するのに貢献したという見
方もある［Tournès 2022］。また，通商均等待遇問題については，日
本の国際連盟脱退が確定した 1935 年以降も議論が続いていた［樋口
2021：5 章］。

　委任統治制度への評価と同様，20 年ほどで活動を休止せざるを得
なかった国際連盟が，国際福祉主義の実現において，どの程度の役

割を果たしたのかを正当に評価することは難しい。第二次世界大戦
を防げなかったという意味では不十分だったともいえるし，より幅
広い分野での国際協力の仕組みを構築する礎となったといえるのか
もしれない。

■ 国連構想と福祉

　1941 年 8 月の大西洋憲章では，「改善された労働条件，経済的進
歩および社会保障を全ての者に確保するため，全ての国の間の，経
済的分野における完全な協力を作り出すことを希望する」（第 5 段落），
また，「すべての国のすべての人類が恐怖および欠乏から解放され
てその生命を全うすることを保障するような平和が確立されること
を希望する」（第 6 段落），として『14 カ条』に比べれば福祉の実現
に向けた国際協力が強調されているといえよう［スガナミ 1994：146］。
　また，国連の目的を記した憲章 1 条 3 項は，「経済的，社会的，
文化的又は人道的の性質を有する国際問題を解決することについて，
並びに人種，性，言語または宗教による差別なくすべての者のため
に人権及び基本的自由を尊重するように助長奨励することについて，
国際協力を達成すること」と規定し，「大西洋憲章」にも明確な言
及がなかった人権の国際的保障についても明記している。従来，各
国が憲法を通じて国内的に保障されるべきものとして人権を捉えて
いたのに対し，国連が人権の国際的保障を目的の一つに加えたのは，
第二次世界大戦が人権抑圧的な国家によって引き起こされたからだ
という，連合国側の認識に基づいている（連合国の中にも，国内での
人種差別や植民地支配という人権問題を抱えている国は存在していた）。そ
れでも，第 6 章で触れた開発援助（途上国支援）と並んで人権分野は，
国連が一定の役割を果たしてきた分野だといえる。項を改めて整理
したい。

4　人権の国際的保障──外交と条約，普遍と地域

■ 世界人権宣言から国際人権規約へ

　国連憲章1条3項や「人権の伸張に関する委員会（後の人権委員会）」の設置を定めた68条の規定は存在したが，具体的に人権とは何か，また，それをどのように保障するかということについての規定は存在していなかった。しかし，1946年1月にロンドンで開催された第1回国連総会において，東ヨーロッパで発生した難民の取り扱いを巡って議論が紛糾した。そこで，人権委員会を設置し，国連加盟国が確保すべき人権を網羅した文書を作成することになったのである。その成果が，1948年12月の第3回総会で採択された「世界人権宣言」である。起草の中心を担ったのが，国連設立に深く関与しながら，1945年4月12日に急死したローズヴェルト大統領の未亡人エレノア・ローズヴェルトであった。エレノアは，第1回総会のアメリカ代表団の正式な一員だが，国際政治や外交の専門家ではなく，貧困問題に関心を持つ女性であり，総会でも人権に関する会合を担当することになってはいた。しかし突然，人権問題に注目が集まったため，彼女を中心として**世界人権宣言**の起草作業が始まったのである［Glendon 2001］。

　世界人権宣言は，国連における人権の国際的保障を考える上での，もっとも基本的な文書と位置づけられている。しかし，総会宣言であるから，法的拘束力はない。その後，世界人権宣言を基礎とした条約を作成することになり，1966年12月に採択されたのが「**経済的，社会的及び文化的権利に関する国際規約（社会権規約）**」と「**市民的及び政治的権利に関する国際規約（自由権規約）**」である（効力発生はともに1976年）。

　憲章68条に基づく人権委員会は，2006年に総会の下部機関とし

ての人権理事会に改組され，加盟国の中から 47 カ国が理事国に選出されている。人権委員会が 53 カ国によって構成されていたことに比べれば，やや簡素となったともいえる。他方で，国内に大きな人権問題を抱える国が理事国として選ばれていることなど公正性や実効性において批判を受けることもある（ロシアも，2022 年 4 月 7 日の総会決議で資格停止されるまで理事国であった）。それでも，すべての国連加盟国は定期的に人権理事会によって人権状況に関する**「普遍的・定期的レビュー（UPR）」**を受け，改善すべき点があれば人権理事会による勧告がなされる。その際の基準として，世界人権宣言も用いられている。たとえ法的拘束力はなくとも，勧告は外交的あるいは道義的に，人権状況の改善に向けた圧力として有効だと考えられている。

　これに対し，自由権規約では，当初から個人的資格で選ばれた独立の委員からなる委員会が設置され，締約国は定期的に報告書を提出し，審査を受けることになっている。社会権規約は，当初は国連事務総長に報告書を送付し，経済社会理事会で審査されることになっていたが，1985 年に個人的資格の委員からなる委員会が設置された。これらの委員会は，それぞれの規約の厳密な法解釈に基づいて，締約国の条約実施状況を審査している。委員会そのものは独立した国際機構ではないが，両規約の起草の経緯もあり，自由権規約に関する委員会の事務局も**国連人権高等弁務官事務所（OHCHR）**が務めている。

■ 基準設定と条約作成

　世界人権宣言の採択後，国連総会は相次いでその他の人権に関する重要な「宣言」を採択している。主要なものに，児童の権利宣言（1959 年），人種差別撤廃宣言（1963 年），女子差別撤廃宣言（1967 年），障害者の権利宣言（1975 年）がある。これらはその後，条約も作成

されており，採択順に並べると，人種差別撤廃条約（1965年），女子差別撤廃条約（1979年），児童の権利条約（1989年），障害者の権利条約（2006年）となる。このうち，人種差別撤廃宣言の採択から人種差別撤廃条約の完成まで2年しか経っておらず，また，先に触れた二つの国際人権規約よりも早く完成したのは，新たに独立して国連に加盟したアフリカ諸国を中心に，南アフリカのアパルトヘイト（人種差別・隔離）政策に対する反発があり，人種差別問題に優先的に取り組むべきだという態度を示したからである。

　国連総会決議を通じて，人権に関する包括的な「宣言」を作成することを基準設定（活動）と呼ぶことがある［滝澤 2004］。まずそれぞれの人権について，国連加盟国の間でおおよその合意を得た後に，より厳密に，かつ，実施措置を定めた条約の作成に取りかかるという流れである。条約の作成に時間がかかったとしても，国連内部の会議体において「宣言」に依拠する形で各国の人権状況を確認することが可能になるという利点がある。

　また，「宣言」の作成段階から条約発効後の実施段階において，各国の状況についてNGOが国連や条約実施機関に情報を提供したり，各種の会議にNGOも参加して発言することで，加盟国（締約国）からの情報とは異なる情報が提供されたりすることも多い。人権状況の改善は究極的には各国が既存の国内法を改正したり，新たな国内法を制定したりするしかない。しかし，そこに至るまでの過程において，国連の会議の場を通じた他の加盟国やNGOによる緩やかな監視やOHCHRからの技術的・専門的助言を受けるというのが，国連を通じた人権の国際的保障の大きな柱となっている。

■ 地域的人権機関

　現在，人権の国際的保障については，国連を中心とした普遍的なレベルでのメカニズムの他に，地域的な条約・制度もある。もっと

も整備されたものと考えられるのが，1950 年に署名された「**欧州人権条約（人権及び基本的自由の保護のための条約）**」（発効は 53 年）であろう。この条約には，その後も数多くの議定書が追加され，保障されるべき権利の充実や保障手続きの改正が繰り返されている。欧州人権条約に基づいて設置された欧州人権裁判所は，国内で十分に救済が受けられなかった個人が申し立てを行うことを認めている。1969 年に採択された「米州人権条約（人権に関する米州条約）」（発効は 1978 年）の下にも米州人権裁判所が設置されているが，個人が申し立てを行うことはできない。同様に 1981 年の「人および人民の権利に関するアフリカ憲章（バンジュール憲章)」（発効は 1986 年）には裁判制度は設けられていない。アジア地域にはこれらに相当する条約は存在せず，東南アジア諸国連合（ASEAN）が 2012 年に「人権宣言」を採択したに留まる。

　人権は観念としては普遍的なものであるが，地域や時代によってなにを人権と考えるかについて考え方の差が生じる。地域的に見ればヨーロッパが「先進的」に映ることも多いが，それを他の地域にも押し付けようとすることで反発を生むこともある。1993 年の世界人権会議で採択された「ウィーン宣言および行動計画」は，人権の普遍性を認めながらも，「国家的及び地域的特殊性，並びに様々な歴史的，文化的及び宗教的背景の重要性を考慮」（第 5 項）することを完全には排除していない。普遍的なレベルでの人権の保障は，国際共同体あるいは世界市民主義的な国際社会の成立に向けた前提であると同時に，究極的な目標であるが，その実現には困難も多い。

5　冷戦後の転回

■ 戦略的援助から「人間開発」へ

　冷戦終結直後の 1990 年，UNDP は初めて **『人間開発報告書 (Hu-man Development Report)』** と呼ばれる報告書を公表した。「人間開発」とは，「人々が各自の可能性を十全に開花させ，それぞれの必要と関心に応じて生産的かつ創造的な人生を開拓できるような環境を創出すること」を指す［UNDP 駐日事務所ホームページ http://www.undp.or.jp/hdr/ より。last visited 8 June 2023］。この考え方に基づき，開発とは単に国家レベルでの経済成長だけではなく，個人レベルでの貧富の差の解消，教育・保健衛生状態などの向上も意味するものと理解されるようになった。このような考え方が提唱された背景には，冷戦期間中の援助が被援助国の「国民」のためではなく，前述したように，被援助国を東西いずれかの自陣営につなぎ止めておくための手段（戦略的援助）として用いられたことと深く関係している。冷戦の終結は，戦略的援助の必要性を著しく減じ，かえって被援助国の中での貧富の格差を露呈させることになった。

　また，第 5 章でも触れたように，冷戦後は「破綻国家（脆弱国家）」における国内紛争が問題となった。なぜ，破綻国家が生まれたのだろうか。一つの流れとしては，次のようなことが考えられる。戦略的援助は，あくまでも被援助国を自陣営につなぎ止める手段であるから，被援助国の統治の体制（政府に腐敗がないか，国民の基本的人権が尊重されているか，社会保障制度が確立しているか，など）に多少の問題があっても，援助供与国はそれに目をつむる傾向にあった。また，前述の通り，被援助国の側も国家主権を強く主張し，内政への干渉を極度に嫌う傾向にあった。このため，冷戦が終結し，戦略的援助が減少することで，それまで封印されていた被援助国の統治の内実

が白日の下に晒されることになり，中には国内紛争に至るケースが出現したのである。

　もちろん，冷戦期間中であっても，ブレトン・ウッズ機構は，融資にあたって被援助国の統治体制（肥大化した政府・官僚機構の縮小，非効率的な公営企業の民営化などの**ガバナンス**問題）についての「**構造調整**」を融資の条件（**コンディショナリティ**）とする政策（ワシントン・コンセンサス）を採用していた。また，開発援助政策の基本に，国民に最低限の衣食住を与える「**人間の基本的ニーズ（ベーシック・ヒューマン・ニーズ）**」という考え方が採られたこともある。

　しかし，個々人に着目した開発援助が本格化するには，冷戦の終結を待たねばならなかったのである。現在，UNDP は「人間開発」の考え方を可視化するために，「**人間開発指数**（HDI）」という指標を作成し，公表している。具体的には，平均余命，成人の識字率と就学率，購買力平価換算の 1 人あたり GDP を基本的な指標として算出するものである。これにより，例えば，国レベルでは成長しているものの，平均余命が短ければ保健衛生サービスが充実していない，とか，国レベルの GDP は伸びているのに 1 人あたりの GDP の伸びが低ければ，軍事費など国民生活とは直接には関係しない分野に多くの予算が振り向けられているのではないか，ということが容易に観察できるようになったのである。

　「人間開発」と類似の概念に「**人間の安全保障**（human security）」がある。これは 1994 年版『人間開発報告書』で初めて提唱された考え方であり，「恐怖からの自由」と「欠乏からの自由」を軸とした，新たな安全保障概念である。人間の安全保障と伝統的な国家の安全保障とは，どのような関係に立つのだろう。一つの整理として，「補完」，「対抗」，「統合」の三つのパターンがある［押村 2004：14-27］。内戦が起きているような国で人間の安全保障が確保されれば国家の安全保障も最終的には確保される（**補完**）。逆に，統治機構

が機能不全に陥ればそれ自身が人間の安全保障の脅威となる（**対抗**）。そして，外部からの支援を通じて，国家の安全保障とそこに暮らす人々の安全も確保されるようになれば，そこでは安全保障の**統合**が起きることになる，というのである。

　冷戦後の開発援助政策は，「人間開発」と「人間の安全保障」という考え方を軸に進められており，日本も1999年に国連に「人間の安全保障基金」を設立し，2003年以降の**政府開発援助大綱**（ODA大綱）でも援助政策の基本に据えられている（2015年に改訂）。

■「人間の安全保障」概念の存在意義

　「人間の安全保障」は，インド人経済学者であるアマルティア・センなどが提唱した概念であるが，その萌芽となる考え方はすでに1960年代に存在した。これが冷戦後になって華々しく（再）登場したのは，大国同士の世界大戦の可能性が著しく低くなったことを契機に，途上国を中心に貧困や保健衛生といった側面で最低限の生活さえできない人が多数存在するという現実を直視すべきだという認識が広がったからだと考えられる。その意味で，「人間の安全保障」は，現実の国際社会の規範構造や制度に対する「異議申し立て」［長2021：3］でもある。

　ミレニアム開発目標（MDGs）が途上国の人々が置かれている状況を底上げすることに主眼を置いていたのに対し，持続可能な開発目標（SDGs）に掲げられている項目の中には，先進国にとっても関わりのある問題や地球全体の問題も取り上げられている。現在，地球温暖化対策を巡っては，「産業革命以後」という極めて長い時間をかけて進行した温暖化をいかに食い止めるか，という視点で議論が行われている。大西洋憲章に謳われた「恐怖と欠乏」は，その内容を多様化させ，さまざまな恐怖と欠乏からの自由を求める願いが「人間の安全保障」には込められている。SDGsであれ，「人間の安

全保障」であれ，多国間の協調を通じてしかそれらは実現できない。協調のための制度的枠組みとしての国連システムが適切であるのか，あるいは，十分であるのかという問題はあるにせよ，現存する枠組みとしては国連システムに依拠せざるを得ない。

「人間の安全保障」が，個人の幸福や尊厳，潜在能力（ケイパビリティ）に着目した概念であることは間違いなく，究極的な福祉あるいは善き生の実現を目指す考え方である。しかし，その実現にあたっては国家の役割が重要であるということを見逃してはならない。20 世紀以降の福祉国家が社会政策を通じて国民生活に介入したように，自国内はもとより途上国に対する援助においても「人間の安全保障」の確保・実現を目指すためには，主権国家による介入が必要となる。国際共同体あるいは世界市民主義の強化のためには，主権国家体制レベルにおける協調が確保されていなければならないのである。国際社会の組織化の過程において，当初，主権国家は無意識のうちに「福祉」という考え方を取り込んできた。それは第二次世界大戦以降，国連の下で「人権の国際的保障」という形で国際社会が正面から取り組まなければならない問題として明確に認識されるようになった。「人間の安全保障」という考え方は，国家間での戦争の防止という伝統的な概念に，個人の福祉あるいは善き生の実現という永遠の課題を付け加えることで，より幅広い意味を安全保障に与えている。戦争の防止であれ，個人の福祉であれ，国際機構の存在は必要不可欠のものとなっている。

第 **8** 章 ── 地域的国際社会の組織化

本章で学ぶこと

1　地域的組織化を問う意味
2　ヨーロッパ──「統合」の見本？
3　アジアまたはアジア太平洋

本章のポイント

本書はこれまで，西欧中心の近代国際社会がどのように地理的に普遍化したかという観点から「国際社会の組織化」を捉えることを基本的視座としてきた。それに対し，本章では，ヨーロッパと日本と関わりの深いアジアを中心に，地域的な国際機構について扱う。気をつけなければならないことは，地域的国際社会の組織化には，一方では「地域の論理」が働く一方，もう一方で，「国際社会全体の構造」が地域に反映している，という二面性があるということである。

1　地域的組織化を問う意味

　序章でも記したように，本書は国際機構論を「国際社会が組織化していく過程」を問う学問と捉えてきた。ただこのことは，「普遍的国際機構＝主，地域的国際機構＝従」ということを意味するものではない。事実，日本の学界においては，各国研究（地域研究）とは別の，国際関係論あるいは地域主義研究といった文脈で **EU 研究**

や ASEAN 研究について相当の研究の蓄積がある。他方で，これら
も含めて一つの「国際機構論」を構想することは容易なことではな
い。各地域にどのような国際機構が存在するか，あるいは，どのよ
うな組織化現象が見られるかについては，次節以降で紹介するが，
ヨーロッパやアジアといった地域ごとの組織化現象抜きに国際機構
を語ることは，序章で紹介した国連研究に偏重した国際機構論に対
する批判を無視することになる。

　本章では，このようなジレンマを意識しつつ，かつ，限られた紙
幅の中で，各地域における組織化現象と国際社会全体の組織化現象
との間にどのような関連があるのか，ないのか，ということを中心
に整理していきたい。

2　ヨーロッパ──「統合」の見本？

■ ヨーロッパの歴史的位置づけと「統合」

　ヨーロッパは主権国家体系発祥の地であり，また，中世以来，さ
まざまな「不戦共同体」構想が唱えられてきた地であることは，す
でに述べた。ここでは，第二次世界大戦後のヨーロッパを形容する
際の常套句である「統合」に着目して考えてみたい。ヨーロッパ統
合は，「国際政治の融合ルール」であり，「パワー，利益，政治シス
テムといった異質のヴェクトルが相互に交錯し作用しあって融合反
応を惹起させるルールとして機能」し，それは，国際政治の分裂機
能とは対極の関係に立つという意味で統合の平和志向性が強調され
てきた［鴨 1985：153-160］。

　ミトラニーのような行政分野ごとの協力を唱える機能主義をベー
スに，これがやがて超国家的国際機構の設立につながる，と考えた
のが，**エルンスト・ハース**に代表される**新機能主義**である。ハース
は統合を「明白な国内的土壌にある政治行為者たちが，彼らの忠誠

心や期待，そして政治活動を新たな中枢に移し替えることを説明される過程」と定義する［鴨 1992：89］。いいかえれば，地域統合体が，「国家の主権を制約するような超国家性をもつようになっているかどうか，あるいは，加盟国の国民の忠誠心が地域統合体にも向けられるようになっているかどうか」［大芝 2016：99］ということが，「統合」の進化（深化）のメルクマールとなることになる。このような文脈からは，地域の統合は地域に平和をもたらす，ということになりそうだが，ナショナリズムの克服はそれほど容易なものではない。

　すでにみたように，ヨーロッパは，ウィーン体制下の一時期を除き，大小さまざまな戦争の場であり，その反省から国際連盟が誕生した。しかし，その国際連盟も，本質において国際平和主義外交ではなく，「ライン問題と東欧中欧諸国の現状維持とを主張するフランス外交であり，エジプトの保護権と大英帝国の安全保障とを主張するイギリス外交であり，ユーゴスラビアを窺うイタリア外交であり，満蒙の支配権と山東における勢力範囲とを失わざらんとする日本外交の集合名詞」［蠟山 1933：545。なお，一部表記を改めた］に過ぎず，国際連盟を通じた「統合」はあり得ない（国際連盟に対するブライアリーの評価〔79頁参照〕からも，それは明らかである）。では，第二次世界大戦後のヨーロッパの「統合」は，このような歴史的伝統なり経験を止揚するものだったのだろうか。

■ ドイツ「戦後処理」問題とヨーロッパの軍事的統合

　［図 8-1］は，現在のヨーロッパの地域的枠組みである。現在の，と断りを入れたのは，冷戦期のヨーロッパのそれとは大きく異なるからである。冷戦期間中は，国際機構レベルにおいても，東西が対立していた。安全保障の分野では後述する **NATO**（西側）と**ワルシャワ条約機構**（東側）が，経済分野では**ブレトン・ウッズ体制**や **GATT（関税と貿易に関する一般協定）**[*] と**コメコン**の対立が見られた。

しかし，冷戦の終結，とりわけソ連の弱体化と解体により，多くの独立国（バルト三国を含む）が生まれ，ユーゴスラビアが解体した。そして，かつて東側に属していた諸国が**北大西洋条約機構**（NATO），**欧州評議会**（CoE），**欧州連合**（EU）といった，「西側の」国際機構に加盟を果たすか，果たそうとしているか，何らかの協力関係を構築しようとしている。これに対して，**独立国家共同体**（CIS）は形式的には国際機構に分類できるが，要するに旧ソ連諸国の中でも親ロシア色の強い諸国の集合体であるものの，ロシアをはじめとする数カ国が，極めて西ヨーロッパ的な欧州評議会にも加盟したことが，冷戦終結という国際秩序の大変動の象徴といえる（なお，ロシアは2022年2月25日に投票権停止，3月15日脱退通告）。

　話を第二次世界大戦終結前後に戻そう。すでに見たように，アメリカ，イギリス，ソ連はモスクワ外相会談以降，大戦後の世界秩序構築のため国連の設立に合意していた。と同時に，**ヤルタ会談**は，ドイツの分割占領をはじめとする戦後のヨーロッパでの勢力圏の確定という意味を含むものであった。冷戦構造の出現により，アメリカとイギリス（と，さらにフランス）の戦後政策は，ドイツによる再侵略を防ぎつつ，西ヨーロッパの経済復興を果たし，ソ連を封じ込めるというものになった。それでも，1948年までは，国連の集団安全保障体制の確立，すなわち憲章43条の下での特別協定締結に向けた努力が続けられていたことはすでに見た通りである。

　しかし，1949年になると，アメリカ，イギリス，フランス，イタリア，オランダ，ベルギー，ルクセンブルク，ポルトガル，デンマーク，ノルウェー，アイスランド，カナダの間で北大西洋条約が締結される。同条約5条は，「欧州又は北米における1又は2以上の

＊）国際貿易機構（ITO）構想の挫折（1948年）に伴い，関税に関する一般的義務を定めた多国間条約。同条約上の権利義務などは，1995年に設立された世界貿易機関（WTO）に吸収された。

図 8-1　ヨーロッパの主要な枠組み

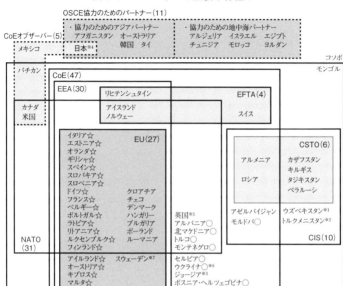

〈凡例〉
（　）内は参加国数
○：EU 加盟候補国（8）
☆：ユーロ参加国（19）
＿：NATO 加盟のための行動計画（MAP）参加国（1）

※1　ウズベキスタンは 2012 年に CSTO の活動への参加停止を決定
※2　トルクメニスタンは 2005 年から CIS 準加盟国
※3　ジョージアは 2008 年 8 月に CIS からの脱退を表明。2009 年 8 月に正式に脱退
※4　日本は NATO のパートナー国
※5　英国は 2020 年 1 月 31 日に EU を離脱
※6　ウクライナは 2018 年 4 月 CIS 脱退に関する大統領令に署名
※7　スウェーデンは 2022 年 5 月に NATO に加盟申請

〈略語解説〉
CoE（Council of Europe）：欧州評議会（47）
CIS（Commonwealth of Independent States）：独立国家共同体（10）
CSTO（Collective Security Treaty Organization）：集団安全保障条約機構（6）
EEA（European Economic Area）：欧州経済領域（30）
EFTA（European Free Trade Association）：欧州自由貿易連合（4）
EU（European Union）：欧州連合（27）
NATO（North Atlantic Treaty Organization）：北大西洋条約機構（31）
OSCE（Organization for Security and Co-operation in Europe）：欧州安全保障協力機構（57）

［出典］［外務省 2023：133］を加筆修正

締約国に対する武力攻撃を全締約国に対する攻撃とみなす」とし，
「各締約国が国際連合憲章第 51 条の規定によって認められている個
別的又は集団的自衛権を行使」することを認めている点で，ソ連・
東欧に対抗するための明らかな軍事同盟条約である。ただし，前文
では「国際連合憲章の目的及び原則に対する信念」や，欧米的な民
主主義原則の擁護への決意を示すなど，国連体制との整合性を確保
しているが，国連憲章 8 章（52, 53 条）に基づく地域機関ではなく，
あくまでも 51 条に基づく集団的自衛権の行使組織である。この条
約に基づいて設立されたのが，北大西洋条約機構（NATO）である。
「機構」という名称はついているが，事務総長が NATO の最高意
思決定機関である**北大西洋理事会**（全加盟国の文民代表によって構成
される）の議長を務めるなどといった意味で，本書冒頭で記した典
型的な国際機構の定義から離れていることには注意が必要である。

　冷戦構造の出現によって設立された NATO の特徴は，アメリカ
が原加盟国として加わっているということである。国際連盟に参加
しなかったり，第二次世界大戦の際にもヨーロッパとの「同盟」を
忌避したりしてきたアメリカが，平時からヨーロッパとの集団防衛
同盟に参画したのは，それだけ東西関係が緊張していたことの証左
であり，東側との対抗を目的とした大西洋主義が形成されることに
なる。さらに 1950 年代に入ると，ギリシャ，トルコが加盟し（1952
年），ついに 1955 年には西ドイツも加盟を果たした（これに対して締
結されたのがソ連・東側のワルシャワ条約であり，条約の中核的な規定の文
言は北大西洋条約に酷似している）。いずれにせよ NATO は，「『アメリ
カを引き込み，ロシアを締め出し，ドイツを押さえ込む』態勢」［広
瀬 2012：4］であり，東西冷戦構造の下で，アメリカをも巻き込ん
で，西ヨーロッパの国防上の結束を図る装置だったのである。

　冷戦終結後，NATO は存在意義を失ったかにみえた。しかし，旧
ユーゴスラヴィアやアフガニスタンの治安維持・平和復興という新

しい任務を負うことになった。さらに，2022 年 2 月以降は，ウクライナ支援の重要な枠組みであると同時に，フィンランドが新たに加盟し，スウェーデンも加盟する見込みである。改めて，ロシアと対抗する集団防衛機構としての役割が重要になっている。

■ 欧州評議会──民主的・政治的価値の共有

第二次世界大戦後のヨーロッパをいかに政治的に統合するかは，統合推進論者の議論の焦点だった。そこでも，ドイツとソ連をいかに封じ込めるかという問題が存在した。この目的のために，まずイギリス - フランス間で結ばれたのがダンケルク条約（1947 年）である。これを基礎に，オランダ，ベルギー，ルクセンブルクが加わって，1948 年 3 月には**ブリュッセル条約**が締結された。さらにフランスは，ブリュッセル条約の枠組みの下で，一気にヨーロッパ議会と経済・関税同盟の設立を提案した。

このフランス提案に異を唱えたのが，イギリスであった。当時，イギリスも含め，西欧諸国は「西欧の統合」に前向きであった。しかしイギリスは，（旧）植民地諸国（コモンウェルス）やアメリカとの関係も重視しており，西欧諸国との間で国家主権の移譲を伴うような統合には反対だったのである［上原 2014：119］。そのため，1949 年 5 月 5 日にロンドンで署名された**欧州評議会（CoE）規程**は，閣僚委員会と諮問会議（1974 年 7 月以降，規程は改正せずに「議員総会」に改称），事務局からなる（10 条），国際機構というよりは国際行政連合に近い組織体を発足させることになった。

また，その任務も NATO との重複が生じないよう，国防に関する問題は明確に除外され（1 条 (d)），「加盟国の共同の世襲財産である理想及び主義を擁護し及び実現し」，「加盟国の経済的及び社会的な進歩を容易にするために加盟国の間に一層大きな一致を達成すること」（同 (a)），および，「共通に関心を持つ問題の討議と，経済的，

社会的，文化的，科学的，法律的及び行政的の事項につき並びに人権及び基本的自由の維持及び一層の実現についての合意及び共同の行動とによって，評議会の機関を通じて追求」（同（b））することとされた。いいかえれば，CoE として共同行動が取れるのは，人権及び基本的自由の維持に関することに限定されたことになる。とはいえ，1950 年に署名された欧州人権条約を端緒とする，第 7 章で触れた各種の人権条約（付属議定書と呼ばれる）の作成とその実施メカニズムが構築されたことの意味は大きい。CoE は，「ファシズムと共産主義という二つの独裁を否定」し，「民主主義の諸規定こそが，ヨーロッパ統合への参加にあたっての条件であり，共有すべき価値・規範として定められた」のである ［上原 同上論文］。

■ ECSC から EU へ──「ヨーロッパ統合」の本流？

　何らかの形でヨーロッパを「統合」する，というアイディアは古くから存在した。戦間期に出されたものに限っても，例えば，**クーデンホーフ＝カレルギー伯爵**の汎ヨーロッパ論（1922 年）や**ブリアン**の国際連盟総会演説（1929 年）あたりは，その後のヨーロッパ統合論に大きな影響を与えた（なお，ヨーロッパ統合史の優れた資料集として［遠藤 2008b］がある）。

　本項では，1950 年 5 月の**シューマン宣言**とそれに先立つ**モネ・メモランダム**（モネは 1950 年当時，フランス復興庁長官であったが，戦間期には国際連盟事務次長を務めた経験もある）に端を発する「**欧州石炭鉄鋼共同体（ECSC）**」から今日の「**欧州連合（EU）**」までの流れを見ておきたい。

　ECSC は，フランス鉄鋼業の再興のため，ドイツの石炭を超国家的「最高機関」を通じて共同管理するために設立された国際機構である（原加盟国は，ドイツ，ベルギー，フランス，イタリア，ルクセンブルク，オランダの 6 カ国）。この設立目的を，ECSC 条約前文にある「歴史

的な敵対関係を諸国の本質的な融合に代え」[遠藤 2008c：262 以下]
の部分だけで見ると，あたかもフランスと（西）ドイツの歴史的な
和解にのみ目が行き，その後の「バラ色の地域統合」の端緒に映る
ことだろう。しかし実際には，シューマン宣言の直後に朝鮮戦争が
勃発し，ヨーロッパの安全保障環境も大きく変わろうとしていた。
そこでアメリカは西ドイツへの支援を行うことを決定したのである。
このアメリカによる西ドイツ支援に加わることで，フランスも自ら
の国力回復につなげようとし，1952 年 7 月に ECSC 条約は発効した。
つまり ECSC も冷戦の産物といえるのだが，その一方で，資源を巡
るフランスとドイツの歴史的な国境線争い（戦争）の蓋然性は限り
なく低くなった。その意味で，ECSC は，まさに機能主義が想定す
るような国際機構だったのである。

　その後，これら 6 カ国を核とした政治的・軍事的統合はフランス
の反対もあって進展をみなかったが，代わりに経済面と新たなエネ
ルギーである原子力の共同管理を巡って，1958 年 1 月には**欧州経済
共同体（EEC）条約**と**欧州原子力共同体（EURATOM）条約**が発効し
た。さらに 1967 年には**欧州共同体の単一理事会及び単一委員会を
設立する条約**（融合条約）によって欧州共同体（EC）が誕生する。そ
の後，1986 年には，1992 年末までの市場統合を目指す**単一欧州議
定書**が調印された。これらの統合プロセスは，1991 年に調印され，
1993 年に発効した**欧州連合条約**（EU 条約，マーストリヒト条約）によ
って大きく変化した。すなわち，マーストリヒト条約では，EU を，
前述の三つの共同体を「第一の柱」，共通外交・安全保障政策（CFSP）
を「第二の柱」，司法内務協力を「第三の柱」とする構成としたの
である。

　しかし，21 世紀に入ると，ヨーロッパ統合は，岐路に立たされる。
一方では 2002 年に単一通貨**ユーロ**が導入されたものの，2004 年に
調印された**欧州憲法条約**はフランスとオランダの国民投票で否決さ

れ，代わって憲法的な要素を削った**リスボン条約**が作成されたのである（2009 年）。ヨーロッパ「統合」が「国家属性を備えた欧州合衆国」になる可能性は限りなく低いのが現状である［遠藤 2016：9］。

■ EU の組織構造と「民主主義の赤字」

　リスボン条約上，EU の機関としては，欧州議会，欧州首脳理事会，理事会，欧州委員会（コミッション），EU 司法裁判所がある。

　欧州議会は，EU 加盟国の市民によって直接選挙される。しかし，通常の（国内の）議会と異なり，立法発議権限は有していない。欧州理事会は，加盟国首脳，常任議長，欧州委員会委員長からなる EU の最高意思決定機関である。これに対し（EU）理事会は，各加盟国の閣僚級の代表によって構成され，分野ごとに分けられている。欧州委員会は，各加盟国から 1 名ずつで構成され，立法提案権を有する独立の組織である。（EU）理事会，コミッション，欧州議会の関係を図示したのが，［図 8-2］である。

　各内部組織の構成・任務・権限の詳細は［庄司克宏 2013］や［鷲江 2009］が詳細に説明しているので，ここでは，EU に特有とされる**「民主主義の赤字」**について触れておきたい。それは，「加盟国が主権の一部を EU に委譲することにより国内議会が喪失した立法権限を，各国行政部が理事会において共同行使していること」に端を発する［庄司克宏 2013：117］。三権分立が定着している国内であれば，立法府が法律を作成し，それに従って行政府が執行し，そこには相互に均衡と抑制が生まれるが，EU では加盟国議会が EU による立法権限と行政権限をチェックできない，ということが問題となるのである。確かに，市民によって選ばれた議員から構成される欧州議会に法案提出権がなく，巨大な官僚機構によって支えられる欧州委員会が市民や企業の生活・活動に影響を与える立法提案権を持っているとすれば，EU は非民主的だ，という評価につながりか

図 8-2　EU 三機関の関係

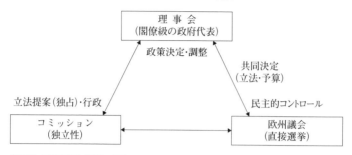

〔出典〕［庄司克宏 2013：47］

ねない。しかし，この「民主主義の赤字」論は，多様な意味を持つ民主主義のどこに力点を置いて理解するか，また，グローバル化に伴う規範形成の多様化とも関わる点である。なお，欧州首脳理事会での意思決定では，国ごとの投票数に加え，それが EU 人口のどれだけを反映しているかを加味することとなっており，手続き上の民主主義を確保する手段は講じられている。

■ ヨーロッパ統合の意義と限界

そもそもフランスとドイツの歴史的融和を目指し，冷戦の影響も強く受けてきたが，ヨーロッパの「統合」は，確実に拡大・深化してきた。そしてその影響は，当初の西ヨーロッパ以外の各国にも影響を与えるものとなっており，EU の規制力［遠藤・鈴木 2012］や規範政治［臼井 2015］とも呼ばれるものとなっている。

まず拡大の例としては，第 1 章で触れた，新規加盟国に対して，EU 法規範の総体である**アキ・コミュノテール**を受け入れさせる，ということが挙げられる。これは，2004 年に旧東ヨーロッパ諸国が EU に加盟した際に顕著であった。つまり，新規加盟国はいきなり EU 法規範の下に置かれることになるのである［臼井 2015：13-

15]。

　別の形の拡大の例としては，厳格な内容を持った EU 法規範が作成されると，諸外国がそれに倣った法令を作ることがある。例えば，電気・電子機器での有害物質の使用制限を課す RoHS 指令は，アメリカ・カリフォルニア州や中国の国内法にも影響を与えている［庄司克宏 2007：141］。また，ヨーロッパで活動する企業は，当然に RoHS 指令に拘束されるが，その結果として，非ヨーロッパ向けの製品についても RoHS 指令に沿って有害物質を含まないようにする，という影響も出ている。これは，EU が中心となってグローバル・スタンダードが形成される一例であるが，アメリカや日本との間で摩擦を起こす（国際刑事裁判所，環境問題，死刑廃止問題など）こともある［庄司克宏 2007：142-151］。

　もっとも，EU が問題を抱えていないわけではない。先にも触れた「民主主義の赤字」の問題は，新機能主義が想定する「〔構成国民の〕忠誠心や，期待，そして政治活動を新たな中枢に移し替える」［庄司克宏 同上書］ことが可能かどうかに直接関わってくる。また，近年の EU は，ギリシャ債務危機，アラブ地域からの難民への対応，イギリスの EU 離脱，EU 国内のテロ，そして，ウクライナ問題というさまざまな困難に直面している。遠藤はこれを「欧州複合危機」［遠藤 2016］と表現してきたが，EU が困難を乗り越えて再びさらなる統合に向かうのか，それとも，何らかの抜本的な改革に迫られるのかは今後も注目すべきポイントである。

3　アジアまたはアジア太平洋

■東南アジア諸国連合（ASEAN）とは

　アジア地域，あるいはアジア太平洋地域の場合，ヨーロッパとは異なる形で組織化が進行した。その歴史的要因として，第二次世界

大戦以前は多くのアジア地域がイギリスやフランスなどの植民地であったこと，また，独立後も東西対立の下でいかに自らの独立（自立）を確保するかという問題に直面したこと，政治・経済体制もさまざまで，全方位的な友好関係を築きにくかったこと，さらに，国境・領有権紛争を抱えていたことなどが挙げられる。冷戦が終結した今日においても，中国・台湾問題や北朝鮮問題のように冷戦の遺産ともいえる状況がある上に，中国の南シナ海進出など，デリケートな問題が存在しており，アジア全体を巻き込んだ地域包括的な組織化は進展しにくい状況が続いている。

　そのような中で，現在，**東南アジア諸国連合**（ASEAN）が，アジア地域の域内協力や域外国との対話を主導している。そもそもアジア諸国と大国（特にアメリカ，ソ連，イギリス，フランス）との対話は，国連アジア極東経済委員会（ECAFE。その後，国連アジア太平洋経済委員会〔ESCAP〕に改組）を通じて始まった。また，1960年代には，オーストラリアやニュージーランドも加わったアジア太平洋協議会（ASPAC）も設立された。

　ASEAN自身は，1967年の**東南アジア諸国連合宣言**（バンコク宣言）を通じてインドネシア，マレーシア，フィリピン，シンガポール，タイの5カ国によって発足したものであるが，1963年のマレーシア成立とそれに伴って表面化した領土問題（フィリピンなどによるサバ領有権問題）や民族自決問題など，原加盟国間の関係の不安定性の改善を目指していたと考えられ，さらに東南アジア連合（ASA）を通じた経済社会協力の継承という側面もある。つまり，ASEANの原型は「協力の推進に加え，さらに重要な目的として対立の解消や域内関係の安定化にあった」といえよう。ただし，設立当時は正式の国際機構ではなく，バンコク宣言と呼ばれる政治的合意に基づき，定期的に外務大臣クラスによる会合が開催される程度のものであった。そもそもASEAN設立の経緯について，山影は「〔5カ国は〕同

床異夢だったにもかかわらず，目が覚めて現実問題に直面しても別
離しなかったのは，共通の了解，すなわち各国の国益追求（それは
基本的には経済開発と国民統合）のためには相互不信を払拭して善隣友
好関係を確立しておきたいという思いがあったから」[山影 2011：17]
だと指摘する。

　最初の首脳会議は，1975 年にインドシナに共産主義政権が誕生
したことを受け，1976 年に開催され，**バリ宣言（ASEAN 協和宣言）**
と**東南アジア友好協力条約（TAC）**が採択された。同条約は，前文
で国連憲章，1955 年 4 月にバンドン会議で採択された 10 の原則，
1967 年の ASEAN 宣言，1971 年のクアラルンプール宣言に言及し
つつ，基本原則（2 条）として，

> a) すべての国の独立，主権，平等，領土保全及び主体性の相
>   互尊重
> b) すべての国が外部から干渉され，転覆され又は強制される
>   ことなく国家として存在する権利
> c) 相互の国内問題への不干渉
> d) 意見の相違又は紛争の平和的手段による解決
> e) 武力による威嚇又は武力の行使の放棄
> f) 締約国間の効果的な協力

が謳われている。ここでも ASEAN の，本来の意味での国際機構化
は行われなかった。ただし，TAC を通じて，ASEAN が東南アジア
諸国間の政治協力の場であることを確認したという意味で意義があ
る。また，TAC を全体として読めば，相互の独立と主権を承認する
ことで ASEAN 加盟国間の関係の安定化を図りつつ域内の協力を進
め，さらに域外国への発言力を強めようという意図が読み取れる。
すなわち，ここまでの ASEAN の動きは，「単に内政干渉を禁じよ

うとするだけでなく，国民国家の枠組みが必ずしも堅固に根づいて
いない ASEAN 諸国どうしの対等な関係を確認する作業」［山影　同
上書：265］であったと見ることができる。

　その後，ASEAN は冷戦の終結という情勢変化を受け，ベトナム
（1995 年），ミャンマーとラオス（1997 年），カンボジア（1999 年）が
加盟し，名実共に，東南アジア地域を覆う組織体となった（ブルネ
イは独立直後の 1984 年に加盟）。

　TAC は，当時の ASEAN 諸国で共有されていた認識を条約の形
にしたものであるが，その後に ASEAN に加盟しようとした国々に
とっては，加盟の前提条件として TAC 加入が求められた。さらに，
TAC は域外国にも開放されており，そのことを通じて，ASEAN が
想定する東南アジア地域秩序の維持への関与・協力を取り付けてい
る［大庭 2016：27］。

■ ASEAN の組織構造

　ASEAN が国際法人格を獲得するのは，2007 年 11 月の ASEAN
首脳会議において採択，署名された **ASEAN 憲章**によってである。
ただし，事務局は 1976 年からすでに存在していること，いわゆる
「総会」にあたる最高意思決定機関がこの首脳会合であること，ま
た「理事会」についても，外務，財務，経済など分野別の閣僚会議
であり，それぞれの下部に高級実務者会議（Senior Officials Meeting：
SOM）が設置されていることを考えると，法人格を備えているとい
う意味で組織化された，各種の外交会議の複合体ということもでき
る。

　なお，ASEAN 憲章上，事務局は ASEAN 加盟国からは独立した
ものとされ，事務総長および職員は，ASEAN 諸国および外部の諸
国からの指示を受けたり，求めたりしてはならないこととされてお
り（ASEAN 憲章 11 条 8 項），ASEAN 諸国の側も彼らの責任の遂行

に影響を与えてはならないことが規定されている（同9項）。

■ ASEAN の「中心性」について

　ASEAN の特徴として，「**ASEAN の中心性**（centrality）」ということが指摘されることがある。ASEAN そのものは「東南アジア諸国を加盟国とする」地域的国際機構であるが，これを核にして域外国との政治・安全保障対話の枠組みが形成されてきた。日本を含む域外国も，前述の TAC に参加し，各対話枠組みに参加することになる。本来，TAC は，ASEAN 原加盟国 5 カ国による，「東南アジア諸国間の行動規範」を条約レベルで規定したものであり，ASEAN そのものの拡大においても TAC への参加が前提条件とされていた。これに対し，域外国も TAC に参加しているということは，「東南アジア諸国間の行動規範」を，域外国もまずは受容しなければならないことを意味する。とりわけ，**東アジア首脳会議**（東アジアサミット，EAS）に参加するには，TAC への加入が義務づけられているとされる。

　経済成長を遂げ政治的存在感を増してきた東南アジア地域とはいえ，ASEAN 加盟国それぞれを見れば，依然として「中小国」のレベルである（ただし，インドネシアだけは G20 加盟国である）。そのような ASEAN 諸国は，さまざまな対話枠組みを通じて，域外の大国と渡り合うために，中小国連合であるはずの ASEAN を中核，あるいは，足掛かりに，アジアあるいはアジア太平洋地域において一定の発言権と影響力を確保している。それが，「ASEAN の中心性」という ASEAN 特有の強みとなっている。また域外国にとっても，ASEAN 主導による対話枠組みは重要な意義を持つものである。例えば，加盟国がもっとも多い ASEAN 地域フォーラム（ARF）には北朝鮮も参加しているし，ASEAN+3 は日本，中国，韓国が閣僚レベルで顔を合わせる貴重な場を提供している。

図 8-3　アジア大洋州地域の主要な枠組み

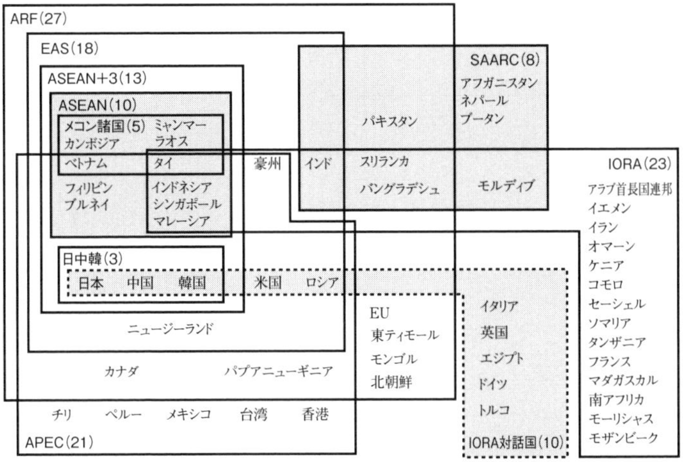

ARF（27）
EAS（18）
ASEAN＋3（13）
ASEAN（10）
メコン諸国（5）ミャンマー
カンボジア　　ラオス
ベトナム　　　タイ
フィリピン　　インドネシア
ブルネイ　　　シンガポール
　　　　　　　マレーシア
日中韓（3）
日本　中国　韓国
ニュージーランド
カナダ　　　　パプアニューギニア
チリ　　ペルー　メキシコ　台湾　香港
APEC（21）

豪州　インド　パキスタン

米国　ロシア

EU
東ティモール
モンゴル
北朝鮮

SAARC（8）
アフガニスタン
ネパール
ブータン
スリランカ
バングラデシュ　モルディブ

イタリア
英国
エジプト
ドイツ
トルコ
IORA対話国（10）

IORA（23）
アラブ首長国連邦
イエメン
イラン
オマーン
ケニア
コモロ
セーシェル
ソマリア
タンザニア
フランス
マダガスカル
南アフリカ
モーリシャス
モザンビーク

（　）内は参加する国・地域・機関の数

〈略語解説〉
ASEAN（Association of Southeast Asian Nations）：東南アジア諸国連合
EAS（East Asia Summit）：東アジア首脳会議
ARF（ASEAN Regional Forum）：アジア地域フォーラム
APEC（Asia-Pacific Economic Cooperation）：アジア太平洋経済協力
SAARC（South Asian Association for Regional Cooperation）：南アジア地域協力連合
IORA（Indian Ocean Rim Association）：環インド洋連合

〔出典〕〔外務省 2023：94〕を加筆修正

■「共同体」に向かう ASEAN

　前述したように，ASEAN 誕生の契機は，政治対話の場の提供で
あった。しかし，徐々に経済協力も行われるようになり，1992 年に
提唱された **ASEAN 自由貿易地域**（AFTA）も 2003 年に達成された。
そして同年に開催された首脳会議で，2020 年を目標年（その後 5 年
前倒しされる）とした，ASEAN 第二協和宣言を採択し，政治安全保
障，経済，社会文化の三分野での共同体設立が合意された。2008 年
の ASEAN 憲章では，共同体ごとに理事会が置かれ（9 条 1），その

下に関連する閣僚級の会議（分野別大臣会議，同条2）が設置される組織構造となっている。

　2015年に一応，共同体の設立が宣言されたが，改めて2025年を目標年として共同体のさらなる充実が約束された。これは，分野によって共同体化の進展にばらつきがあることの証左と考えられるが，なぜそのようなことになるのだろう。一つは，内政不干渉原則の取り扱いである。先にも見たように同原則は，長年，ASEANの基本原則であった。ASEAN憲章レベルでも，国内事項への不干渉は原則の一つとされている（2条2 (e)）。しかし，共同体化を進めるにあたり，共同体に強い権限を与える（相対的に内政とされる事項は減少する）ことに積極的な国とそうでない国がある，というのである。もう一つが，各国の国内的な履行・実施能力の確保である。鈴木によれば，「人材の能力不足は，とくに後発の加盟国においてますます顕在化しており，事務局や域外国などの支援を通じて，能力開発などの取組みを加速することが望まれる」ことになる［鈴木早苗 2016：18］。

■ ASEAN の存在意義

　地域的国際機構の評価については，西ヨーロッパにおけるEU（EC）の「統合」を範型とし，東南アジアをはじめとするアジアを「統合の遅れた地域」とする議論も見られる。これは，「統合」を「主権の制限」と同一視する議論であり，新機能主義が唱えた，「国民の忠誠心の移転」をメルクマールとするものである。

　しかし，このような見方は，国民国家の形成過程を含めた歴史的前提やヨーロッパとアジアにおける冷戦の影響の仕方の差（東アジアには冷戦構造の残滓が依然として存在する）といった要因を無視した議論だと言わざるを得ない。むしろ，ASEANがハブとなって，さまざまな会議体を通じた対話と協調の場を提供する重層的な「アジ

ア」［大庭 2014］を構築する核であることを，より積極的に評価すべきではなかろうか。

　本章では，ヨーロッパとアジアに限定して，地域的組織化の経緯と現状をまとめた。国連は国連で冷戦の影響を受けたが，それと同様に，ヨーロッパとアジアにおける組織化も冷戦の影響を強く受けている。しかし，影響の仕方はそれぞれ異なっており，ひとくくりに「地域的組織化の論理」をまとめることは不可能である。また，アジアにおいては非植民地化に伴う新たな主権国家の成立，という事情も絡んでいる。そのため，ASEAN がヨーロッパの地域的国際機構以上に主権平等原則や内政不干渉原則に敏感である，という特徴にもつながる（この点は，本書では取り扱わなかったアフリカにおいても同様である）。地域的国際機構を考える際には，それぞれの地域の特殊性に着目する必要がある所以である。

＊　　　　　　＊　　　　　　＊

　以上，第Ⅱ部では分野別・地域別に国際機構の役割と限界を概観してきた。いずれの分野・地域においても「国際社会の組織化」は多様であり，単純に総括することが困難であることは明らかである。それでは，国際社会と国際機構の関係をどのように捉え，理論化すればよいのだろうか。それを第Ⅲ部で考えてみたい。

第III部

国際機構をどのように
考えるか

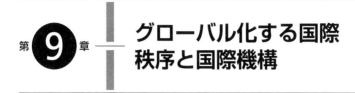

第**9**章 グローバル化する国際
秩序と国際機構

本章で学ぶこと

1 国際秩序の変容と国際機構
2 外的要因による国際機構の変容
3 国際機構の内部的対応とその限界・問題点
4 国際機構ではない「国際社会の組織化」──常設化された国際会議

本章のポイント

本章を含め，第Ⅲ部の各章は，第Ⅱ部までの検討を踏まえて，国際機構を巡る理論的課題を取り扱う。第1章でも触れたように，国際社会の組織化，あるいは，その産物としての国際機構は，国際秩序の変容の影響を受けたり，逆に国際秩序の変容を促したりする。本章では，そのような国際秩序と国際機構の相互作用について考えてみたい。

1 国際秩序の変容と国際機構

■ 国際秩序と国際機構の関係

　国際社会の組織化の過程は，国際秩序の変容の過程の帰結である。グローバル化（グローバリゼーション）とは，人・物・資本・情報などが容易に国境を越えて移動するようになる現象を指す言葉である。近年の情報・通信技術の発達は，グローバル化の一例であるが，歴史を遡れば19世紀以降，国際社会は常にグローバル化を進めてき

た。グローバル化と国際社会の組織化は必ずしも同義ではなく，相互に影響を及ぼしあってきた関係にある。そのように巨視的に捉えると，「国際機構」に類型化される組織体の出現とその存在は，組織化現象の一つに過ぎないことになる。従って，定義上の国際機構を中心とした国際機構論だけでは，「国際社会の組織化」という意味での international organization の本来の語義に忠実な組織化現象の全体像は十分に把握できないし，グローバル化との関係も明らかにならない。これは普遍的レベルにおいても，地域的レベルにおいても同様である。では，何が国際秩序を変化させ，結果としての国際社会の組織化を促進させたり，停滞させたりするのだろう。

　第一に考えられるのが**新興国の誕生と台頭**である。例えば，19世紀末から 20 世紀初頭における，ドイツ・アメリカ・日本の台頭により，イギリス，フランス，プロイセン，オーストリア，ロシアというヨーロッパ協調を支えた五大国体制の地位の低下が指摘できる。さらに，二度にわたるハーグ平和会議では，これらの新興国はもとより，アジアや中南米といった地域からも参加国が出てくる[細谷 2012：168-188]。また，第 6 章で見た，第二次世界大戦後の植民地独立過程では 19 世紀的世界観が否定され，国連総会の多数派を新興独立国が占めることでその性格を大きく変質させた。

　次に挙げられるのが，**戦争の存在**である。ナポレオン戦争がウィーン体制を生み，二つの世界大戦が国際連盟と国連を生み，さらにヨーロッパ「統合」の契機を提供することになった。国際連盟と設立当初の国連が勝者による現状維持の性格を持つのに対し，ECSCはフランスとドイツの間に協力関係を構築したという点で大きな違いがあるが，いずれにせよ，第二次世界大戦がなければ，国連もECSC も実現しなかったろう。また，さらに ASEAN の設立においては，第二次世界大戦後の国際社会の基底的秩序となった冷戦構造の東南アジア地域への影響抜きには考えられない。

　第三に挙げられるのが，**科学技術上の進歩あるいは新発見**（新た
な感染症の発生のようなネガティブな事態も含まれる）である。その典型
例が，19世紀の産業革命の進行に伴う国際行政連合の急速な発展で
あったことは第1章で述べた通りである［Murphy 1994］。

　ただ，これらの要因だけで自動的に国際社会の組織化が進展する
わけではない。新興国の台頭は従来からの「価値の共有」を危うく
し，その結果，組織化どころか戦争の誘引という悲劇を招くことも
ある。同様に「共通利益の絆」あるいは，共通利益実現の絆につい
ても，新興国が共有するとは限らない［細谷 2012：187］。問題解決
能力は国家によって異なるので，既存国家にせよ，新興国にせよ，
同一の対応が行えるとは限らないからである。20世紀後半になって
植民地主義が否定されて以降，いわゆる途上国に対する開発援助や
技術支援が問題となっているのは，まさに共通利益実現能力の構築
という目的がある。その限りで，平和維持・平和構築も含め，途上
国への支援は一般にパターナリスティックで介入主義的なものとな
らざるを得ず途上国側の反発を招くこともあり得る［五十嵐 2016］。

■ 国際秩序の変容と国際機構の限界

　国際秩序の変容は，国際社会の規範構造の変容をも促す。上述の
ような国際秩序の変容を第3章の［図3-3〜3-5］との関係で考え
てみよう。

　新興国の出現とそれに伴う既存秩序の動揺は，当然，主権国家体
制に影響を及ぼす。新興国が既存秩序への異議申立てを行えば，そ
れはまず主権国家体制を不安定化させるだろう。そこで改めて協調
が成立すればよいが，失敗すれば，戦争につながりかねない。この
ような状況での国際機構の役割は，まずは主権国家体系を再調整す
ることが期待される。

　しかし，現実には，国際機構を通じた国際秩序の再調整が常に成

功するわけではない。確かに国際連盟や国連は，世界規模の戦争を繰り返さないという決意から誕生したが，いずれも限界を抱えている。冷戦終結後，国連の集団安全保障や平和活動が一定の成果を上げた時期もあったが，それはむしろ例外的な時代だったのかもしれない。放置すれば戦争になりかねない紛争について国際機構を通じて平和的に解決し，国際秩序の維持あるいは再調整を行うことは，国際連盟や国連の最大の使命のはずである。しかし，それが必ずしも実現されるわけではない。

　大国は，自らの死活的利益に関わる紛争を裁判で解決することに否定的な態度をとる。ハーグ平和会議では常設仲裁裁判所（PCA）の設立に合意したが，それが強制管轄権を持つことにイギリスは強く反対した。他国に訴えられた場合，仲裁裁判に応じる義務が生じる上，判決はイギリスを拘束することになる。その一方，国際連盟や国連の会議を通じた紛争解決であれば，外交力や政治力を発揮でき，大国に有利な解決に導く余地が残る。ただ，総会のような中小国も参加する場では，数に勝る彼らの声も無視できない。大国は，自らが関わる紛争を二国間あるいは大国間だけの会議で解決しようとする。満洲事変の際の日本も，日中間で解決しようとしたし，他の大国も常任理事国だけの秘密会合を開催した。大国は，「透明かつ民主的な制度的解決よりも，必要とあらば伝統的な外交方式である秘密会議〔を〕用い〔る〕」［篠原初枝 2010：202］ものなのである。

　では，国際機構（特に国連総会のように，すべての加盟国が一国一票制に基づき平等に参加する場）を通じて，加盟国間の国際世論を形成することは功を奏するのか。1970年代の国連総会やUNCTADを通じた新国際経済秩序（NIEO）樹立運動は，当時の途上国が圧倒的多数を占める中で，過激ともいえる決議を通じて国際経済秩序の改革を求めるものであったが，かえって世界一の経済力を誇るアメリカの国連離れを引き起こすことになった。2014年のクリミアの一方的独

立とロシアへの併合に対する国連総会の非難決議にせよ，アメリカがイスラエルの首都をエルサレムと認定し，アメリカ大使館をそこに置くとの決定を行った際の非難決議にせよ，両国の行動を変化させるには至らなかった。2022 年 2 月のロシアのウクライナ侵攻に対する，複数回の非難決議についても同様であり，むしろ加盟国の分断と対立を表面化させたともいえる。

　これは，国連総会決議が「勧告」に過ぎないという形式的な問題とは異なる。北朝鮮の核・ミサイル開発問題では，安保理による一連の制裁決議が採択されており，国際共同体レベルでの非核化を求める潮流は，主権国家体制の側でも支持されている。しかし，北朝鮮の行動を変化させるには至っていない。それぞれ決議が採択されたことをもって国際機構（ここでは国連）が役割を果たしたと考えるか，国家の行動に変化が見られないことをもって役割を果たしていないとみるかは評価の視点の問題といえなくはない。

　他方，今日の国際社会が，一定程度，国際共同体的あるいは世界市民主義的になっているのも事実である。特に人権や環境問題は，NGO などから主権国家に対し，国際機構のさまざまな会議体で採択される勧告に従うことを求める声が上がる。しかし，多くの国家は消極的である。国際機構を通じた国際秩序の変容については，一般に主権国家と NGO の間に温度差があり，国際社会の三つの層の間で必ずしも規範意識が共有されているわけではない。

2　外的要因による国際機構の変容

■ 国際機構の消滅（解散）

　国際機構は，定義上，設立交渉時点の国際秩序認識に基づいて達成すべき目標（機能）が設定される。しかし，その後の国際秩序の変化により，目標の達成が不可能であることが判明すれば，その国

際機構は存在意義を失い，**消滅（解散）**を余儀なくされる。その代表例が国際連盟であろう。国際連盟の命運については，第2章で触れたので，ここでは，改めて深く立ち入らない。ただ，二点確認しておきたいのは，第二次世界大戦の勃発で国際連盟の主要な活動は停止したが，事務局機能の一部はイギリスやアメリカに移転して活動を継続したこと［篠原初枝 2010：255-256］，また，その中で戦後の新たな国際機構の設立にも関与したことである。さらに，国際連盟の集団安全保障の流れを汲む形の国連が設立されたことを考えれば，法的には国際連盟は解散したが，その精神は国連や一部の専門機関に継承されたと考えられる。実際，最後の国際連盟総会（1946年4月）で，その資産の国連への継承が決議されている。

　次に挙げられるのが，安全保障環境の変化に伴う，地域的防衛機構の消滅である。最も有名なものとして，**ワルシャワ条約機構**が，冷戦終結直後の1990年7月に解散した事例を取り上げることができるだろう。これはまさに，冷戦構造の消滅とその後のソ連の崩壊という国際秩序の地殻変動の当然の結果であるといえる。また，**東南アジア条約機構**（SEATO）は反共軍事同盟として1954年に設立された（加盟国：アメリカ，イギリス，フランス，オーストラリア，ニュージーランド，パキスタン，フィリピン，タイ）が，域外での紛争に対して有効な措置を講ずることができなかったこと，さらに，加盟国相互に思惑の違いもあったことを理由として，1997年に軍事同盟としては解散した，という事例もある。

　国際的な経済環境の変化という意味での国際秩序の変化で解散に追い込まれた国際機構が，**国際すず理事会**（ITC）である。ITCはすずの価格の安定を目的とする国際商品協定に基づく国際機構であったが，すずの価格が公定価格以下になったため，すずの過剰在庫と金融機関への負債を抱えて破産に追い込まれ，1985年に活動を停止し，90年に正式に解散した。この時は，理事会が負った負債を加

盟国が返済する義務があるか，という問題が発生した［黒神 2011：85-86］。

■ 国際機構の新設

　国際秩序の変動があっても，普遍的機構（とりわけ国連）の場合は，次節で述べるような内部的な対応によることが多く，そう簡単に新たな普遍的機構が設立されることはない。それに比べれば，地域的機構の方が創設されやすい傾向がある。ここでは，アジアでの比較的近年の事例を二つ取り上げたい。

　例えば，**上海協力機構**（SCO）は，1996 年 4 月に開催された，中国，ロシア，カザフスタン，キルギス，タジキスタンによる首脳会議（上海ファイブと呼ばれる）に端を発する。これは，中国と国境画定問題を抱えていたソ連が崩壊した結果として，新たに独立国になった国々を巻き込んでイスラム教過激派対策や民族分離運動に対して，中国とロシアが主導して対処することを狙ったものである。

　当初は，定期的に首脳会議が開催されるだけであったが，2001 年にウズベキスタンも参加して SCO 憲章を採択し，国際機構となった。上記の 6 カ国に加え，2017 年にはインド，パキスタンも正式の加盟国となった。SCO の特徴は，正規加盟国に加え，議決権のないオブザーバー（アフガニスタン，ベラルーシ，イラン，モンゴル），SCO の意義に賛同する対話パートナー（アルメニア，アゼルバイジャン，ネパール，カンボジア，スリランカ，トルコ）といった「準加盟国」を擁するようになり［湯浅 2014：106-107］，事実上，西・南西・中央アジアを地理的にカバーする機構となった。なお，南アジア（スリランカを含む，インドと国境を接する国々）には**南アジア地域協力連合**（SAARC）が存在するが，これは定義上，国際機構には含まれない。

　また，2016 年に，中国が主導して設立された**アジアインフラ投資銀行**（AIIB）も，中国の経済成長に伴い，新たな国際金融機関を中

国主導で設立したものと考えられる（中国の当初の出資比率は 30% と
いわれ，初代総裁も中国人であり，本部も中国に置かれている）。当初，イ
ギリスやフランス，ドイツを含む 57 カ国で発足したが，2023 年 6
月の時点では 103 カ国に増加した［AIIB ホームページ https://www.
aiib.org/en/about-aiib/, last visited 4 June 2023］。中国による AIIB 設立
構想に対して，アメリカと日本は当初から慎重な姿勢を見せ，本書
執筆時点では加盟していない。その理由として，1）中国主導の運
営になることから，AIIB が透明性を持った組織になるかへの懸念，
2）アジアにはすでに**アジア開発銀行**（ADB，本部：マニラ）があり，
それと競合することへの懸念，があるとされた。そもそも ADB は，
アメリカと日本が最大の出資国（共に 15.7%）であり，総裁も歴代，
日本から輩出してきた。中国としては ADB での出資比率引き上げ
による発言力（表決力）の拡大を狙ったが奏功せず，独自に自らの
イニシアティブによる国際金融機関を立ち上げることにしたのであ
る。

　とはいえ，AIIB として，アメリカや日本の参加を排除している訳
ではなく，日本国内にも加盟に積極的意見も見られる。また，実際
の AIIB の活動も，今のところ大半が世銀や ADB との協調融資で
あり［日本経済新聞 2017 年 6 月 19 日付夕刊］，当初懸念された組織運
営の透明性も確保されているようであり，今後も世銀や ADB との
協働・協調関係が維持されるかどうかが AIIB の成功の鍵を握って
いるといえるだろう。

3　国際機構の内部的対応とその限界・問題点

■ 内部的整序の例

　国際秩序の変化に対し，主権国家は新たな国際機構の設立で対応
（新規の整序）を行うこともあれば，既存の国際機構の廃止（やむを得

ざる破壊）を迫られることもある。しかし，多くの場合，国際秩序の
変化に対しては，まずは既存の国際機構の改組や新たな補助機関の
設置といった形で，内部的な新規の整序が行われる。

　改組の例としては，国連の安全保障理事会の理事国数は国連設立
当時の 11 カ国から 15 カ国に拡大した（現在も理事国数の増大に向けた
交渉が継続している）し，経済社会理事会に至っては当初の 18 カ国か
ら現在では 3 倍の 54 カ国へと大幅に増加している。

　また，補助機関の設置・改廃や，それに伴う事務局の改組に至っ
ては枚挙に暇がない。国連に限って，特に重要と思われるものだけ
を記せば，1949 年に設置された「拡大技術援助プログラム（EPTA）」
と 1958 年に創設された「特別基金（Special Fund）」が「国連開発計
画（UNDP）」として 1965 年に統合された例や 1950 年の「国連難民
高等弁務官事務所（UNHCR）」の設置，1964 年に総会の補助機関と
して「国連貿易開発会議（UNCTAD）」が設立されたことが重要であ
ろう。近年では，**平和構築委員会**の設置と並んで，従来，経済社会
理事会の機能委員会だった人権委員会とその下部機関であった人権
保護小委員会（かつての差別防止・少数者保護小委員会）が，2006 年に
総会の下部機関となって，それぞれ人権理事会と諮問委員会に「昇
格」したことが有名である。なお，この人権理事会は，名称こそ
「理事会」であるが，憲章上の主要機関としての理事会ではない。

　補助機関の設置も，それに伴う事務局の拡充も，国連なら国連の
存在目的をよりよく実現する，いいかえれば，設立基本文書に示さ
れた機構の目的実現を容易にするためのものであれば歓迎すべきこ
とといえる。他方で，そこには問題もある。それは，組織が肥大化
し，補助機関の重複が起きかねないことである。いったん設立され
た組織を廃止することは，国内の諸機関同様，国際機構にとっても
決して容易なことではないのである。

4　国際機構ではない「国際社会の組織化」──常設化された国際会議

　常設化された，あるいは，定期的に開催される国際会議も，広い意味での「国際社会の組織化」であり，国際秩序に影響を及ぼし得る（OSCE に改組する前の CSCE や，発足当初の ASEAN など）。また，会議体によっては，国際機構の活動にも影響を与える。ここでは，そのような国際会議についていくつか触れておきたい。

■G7

　日本では「**主要 7 カ国（首脳）会議（会合）**」と呼ばれることが多いが，「主要」に相当する言葉は原語にはなく，単に Group of Seven (G7) である。構成国は，アメリカ・イギリス・ドイツ・フランス・イタリア・日本・カナダである（さらに EU も出席する）。第 1 回目の会合（1975 年）はフランスで開催され（カナダは第 2 回目から参加），主として第一次石油危機への対応が議題であり，今日でも，首脳会議と財務相・中央銀行総裁会合が中心であるが，政治・安全保障分野も首脳会議の議題となるし，外務相・環境相など主要閣僚による会合も開催されている。1994 年以降，一部の会合にロシアも出席するようになったが，2014 年 3 月，クリミア併合に対する「制裁」としてロシアを G8 から追放し，G7 に戻った。

　G7 の特徴は，（ロシアが入っていた G8 の時期はともかくとして）西側の主要な先進国のみによって構成されていること，また，政治・安全保障・途上国支援・エネルギー・環境など，広汎な議題が取り上げられ，具体的な政策目標を含んだ，各種の「宣言」・「声明」が採択されている点だろう。また，構成国は，これらの成果文書に盛り込まれた政策の実現を図る，あるいは，国内政策の立案・実施過程

に影響を及ぼしている点も特徴である。その意味で G7 は，構成国の政策調整の場として「機能」しているといえる。

　しかし，第 1 回会合の開催経緯からしても G7（当初は G6 だが）は，当初はアド・ホックな会合の要素が強く，常設化・定例化したといっても，形式面（組織面）での公式性は強くない。いいかえれば，「仲間ウチの集合」なのであり，「民主的なマルティラテラリズムの時代にはそぐわない」［最上 2016：201］という批判も出てこよう。だが，いずれも民主的手続きを経て選ばれた首脳・閣僚によって構成されていることは事実であり，「国際機構抜きのマルティラテラリズム」，あるいは，主権国家の自主的・自発的な組織化，と見ることもできなくはない。

■ 経済構造の変化に伴う新たな「組織化」──BRICS と G20

　G7 が，いわば，「伝統的先進国」クラブであるのに対し，**BRICS**（ブラジル，ロシア，インド，中国，南アフリカ）や **G20**（G7，BRICS にさらに 8 カ国が加わった会議体）は，近年経済成長が著しい諸国も加わった会議体である。BRICS は会議開催を目的として集結したものではなく，単に，2000 年代に経済成長が見込まれる国々の頭文字を並べたものに過ぎなかったが，2006 年に外相会議が，09 年には首脳会議が開始された。これもまたクラブ的集まりに過ぎないが，2017 年 9 月に中国で開催された首脳会議では，アメリカを意識しつつ，「より公正で合理的な国際秩序の構築を進める」との記者発表を行っている［読売新聞 2017 年 9 月 6 日付］。BRICS が，どちらかといえば，アメリカに対して対抗的であるのに対し，G20 にはアメリカも参加し，さらに IMF・世界銀行といった国際機構も参加しており構成国の顔ぶれが多彩である点が異なる。

　いずれの枠組みも，冷戦の崩壊後に経済成長を遂げたか，経済成長が見込まれる諸国を巻き込んで，世界経済，開発援助，地球温暖

化対策などさまざまな地球規模の課題を議論する場として設けられたものである。これらの会合が，国連（とりわけ総会）をはじめとする既存の国際機構の枠外で行われる理由は何であろうか。それは「公式な非公式」とでも呼ぶべき融通無碍さであろう。G8からロシアを追放するのは容易であるが，ロシアを国連から除名することはできない。比較的利害の一致する国々が一堂に会し，ある程度，自由に議題を設定でき，意見の一致も得やすい，という利点がG7にせよ，BRICSにせよ，G20にせよ存在する。これを「脱・国際機構」と見ることもできるし，議論の行方によっては「反・国際機構」に陥る危険性も内在している。ただ，主権国家（体制）にとっては，「公式な非公式」は便利であり，国際機構抜きでの主権国家体制（単純な会議体制）のしぶとさの表れでもある。

■ 英連邦

英連邦は，British Commonwealth of Nations（現在では単にCommonwealth of Nations）の訳語として定着している観があるが，イギリスとかつての自治領・植民地だった諸国の関係が「連邦国家」になったわけではないので，厳密には誤訳である。しかし，それを踏まえつつ『英連邦』と題した書物もあるので，本書もそれに倣うことにする［小川 2012］。

英連邦の定義は難しいが，要はかつての自治領（オーストラリア・カナダなど）や植民地・保護領が国際的に独立した後も，イギリス本国との関係においては，「緩やかな結合関係」を保ち続けている状態を指す。このため，英連邦加盟諸国間では大使の交換は行われず，それに変わるものとして高等弁務官（High Commissioner）が派遣される。また，独立後もイギリス国王を憲法上の君主とする場合，国王の名代として総督（Governor）が置かれる（英連邦の歴史や国際法上の地位については［小川 同上書］のほか，［松田 1995］，［山本・細川 2014]）。

　英連邦の組織面でのユニークさは，単に 2 年に一度，首脳会議が開催されるだけでなく，**英連邦事務局**（Commonwealth Secretariat）が存在し（1965 年設置），それを通じて，英連邦内部での開発協力，民主化・法の支配の強化といった具体的な活動を行っていることである。また，現在ではモザンビーク（旧ポルトガル領）やルワンダ（旧ベルギー領）といった，旧イギリス植民地ではない国家も英連邦に加盟し，合計 56 カ国が「ミニ国連」のような様相を呈している。

　この事務局設置の根拠は，1965 年の首脳会議で採択された「合意覚書（Agreed Memorandum）」であり，正式な条約ではない（英連邦加盟諸国間の関係は，正式な意味での主権国家間の関係ではないから条約を結べない，と国際法的には説明される）。また，2013 年には英連邦の基本原則を記した「憲章（Charter）」も採択されているが，署名者は英連邦の首長であるエリザベス II 世女王のみであった（現在の首長はチャールズ III 世）。そのような点を除けば，英連邦は限りなく国際機構に近い存在だといえる［Dale 1983：68］。英連邦は，かつての大英帝国としての一体性を活かした，政治・経済・開発・人権・文化・民主主義など幅広い側面での連携・協力を行う「国際会議以上国際機構未満」の存在なのである。

　国際機構の設立であれ，単なる国際会議の常設化であれ，それは国際秩序の変動の産物である。厳密な意味での国際機構論の観点からは，国際社会の組織化には国際機構の設立が伴うべきだ，という見解もあるだろうし，事実，AIIB や SCO など，近年でも新たな国際機構の設立の例は存在する。また，国際秩序の変動に対して，既存の国際機構を再編することで対応することもあれば，残念ながら解散に追い込まれることもある。その意味では，国際機構は国際秩序（あるいは，主権国家間の関係）に翻弄される運命にある。

■ 国際社会の組織化は「リベラルな」動きか

　一般に，国際社会の組織化や国際機構はリベラルな動きであると理解され，国際政治学においては，リベラリズムに属する学派が国際関係における国際機構の役割を重視する理論を構築する傾向にあった。他方で，近年ではリベラルな国際秩序の衰退が指摘され，孤立主義・権威主義・全体主義が世界に広がっているという見解も見られる。

　歴史を振り返ると，19世紀であればイギリス，20世紀であればアメリカが国際社会の組織化を先導してきた。これらの国は国際政治における覇権国なのであり，リベラルな秩序観に基づいて行動する限り，リベラルな組織化は進行し得る。仮にリベラルな価値を掲げて組織化を試みても，実態として差別的な行動をとることはあり得る。また，リベラルな価値に基づく組織体に対抗するために，別の理念に基づく組織体を形成することも可能である。

　そのように考えると，国際社会の組織化や国際機構をリベラリズムの視点のみから検討するのでは不十分であり，国際政治の動向全体の中に位置づける必要がある。とりわけ，アメリカ主導のポスト冷戦期国際秩序が陰りをみせる今，既存の国際機構が今後どのような役割を果たすべきかを考えるに際しては，個々の国際機構の特質（普遍的か地域的か，一般的か専門的・技術的か）に応じて検討する必要がある［アチャリア 2022：97-126］。

第**10**章 —— 国際機構論へのアプローチ

本章のポイント

本章では，国際社会における国際機構の役割に対する学問的アプローチである，国際組織法学とグローバル・ガバナンス論に焦点を合わせる。国際組織法学は，国際機構が主権国家の法的合意である条約を通じて形成されるということに着目し，国際法上の現象として国際社会の組織化を捉える歴史的には伝統的なアプローチである。これに対してグローバル・ガバナンス論は冷戦後の国際政治学あるいは国際関係論の文脈で盛んになった議論である。両者は，国際社会における国際機構の役割について，基本的な認識を異にしている。いずれかが優れているというわけではなく，両者は，究極的には主権国家体制に対する認識が異なることを意味する。

1　国際機構と法

■国際法学的アプローチの特徴

　国際社会の組織化に，本格的な学問的関心を抱いたのは戦間期の国際法学であった。当時は，今日でいう国際政治学が学問分野として確立していなかったという事情もある。1930 年代に入って，国際社会が不安定になっていく過程の中で，国際政治学という分野の存在が自覚されるようになった。この一連の流れの背景には，19 世紀後半以降，国際行政連合を通じて条約が作成されたり，戦争を「国際法を通じて違法化する」という動きがあったりして［篠原初枝 2003, 三牧 2014］，それに対応する形で国際連盟なり国連が創られたという歴史と無縁ではない。

　国際法学は，主権国家間の法としての国際法の平面に，条約を通じて主権国家が組織体（国際機構）を設立したことをどのように理解するかという問題に直面した。「**国際法上の所産**」［高野 1975：13］としての国際機構の「存在と機能が，その法的基盤をなす一般国際法秩序に，どのような本質的影響を与えているかを追求すること」［高野 同上書：530］という問題意識である。「第一の国際社会」の平面に，主権国家が設立したとはいえ，主権国家以外の組織体である国際機構をいかに位置づけるか，ということである。

　そのため，国際機構に対する国際法学的アプローチ（通常，国際組織法と呼ばれる）の特徴は，まず国際機構の国際法上の地位（**主体論**）から始まり，国際機構を通じた主権国家に対する法的統制と国際機構自身の活動の国際法上の根拠に関心を寄せる（**権限論**）。そのため，分析の対象は国家間フォーラムとしての主要機関の活動が中心となる。また，国際機構における国家以外の主体（個人，企業，NGO など）については，各国際機構の設立基本文書ごとにいわば「特別な例」として説明される。一例を挙げれば，国連の各種委員会における個

人資格の委員，国際労働機関（ILO）における使用者団体や労働組合の参加，国連における NGO の協議資格などがこれにあたる。

　また，国際組織法の関心は，国際法の基本原則である主権平等と国際機構の関係にも向けられてきた。その代表例が**表決制度**（特に多数決）と国際機構の**決議の法的効力**（または効果）を巡る問題である。また国際組織法学は，国際機構の内部機関の機能・組織についても主体論・権限論の立場から分析を加えることになった。その意味で，国際組織法は，個々の国際組織に関する国際法的な分析を中心とする（先述の［高野 1975］が典型であり，「国際機構論」もしばしばその意味で用いられることがある）のに対し，国際法体系における国際組織法の位置づけ，あるいは，国際法と国際組織法の関係そのものについてはあまり関心が寄せられてこなかった。さらに，国際機構と主権国家以外の国際的アクターとの関係については，上述のように「特別（特殊）な事象」と考えられてきた。この点は，グローバル・ガバナンス論における国際機構の捉え方とは異なる。

2　国際組織法の体系論

■ 主権国家にとっての国際機構

　国際法学では，主権国家を**本源的・一次的主体**，国際機構を**派生的・二次的主体**と捉えるのが一般的である。主権国家が合意すれば，国際機構を廃止することもでき，国際機構の命運は主権国家に握られている。しかし，国際機構が常に主権国家に対して従属的な立場に置かれているわけではなく，国際機構が主権国家に対して拘束力のある決議を採択することもある。

　ただし主要な審議機関において投票に参加するのは加盟国である。国際機構自身（とりわけ事務局）が，あたかも国内の立法機関のように権力的に決めるわけではない。それでもなお，「国際機構で決め

た」ということに一定の権威性なり正統性があると考えるのが一般的である。いずれにせよ，国際機構は主権国家間で設立されるものの，国際機構自身が非国家的な存在であることに変わりはない。その中でも，加盟国から独立して国際機構のためにのみ忠誠を誓って勤務する事務局（あるいは個々の事務局員）は非国家的な存在であり，難民支援や開発援助といった活動では事務局（員）の存在が重要であることに疑いはない。

　主権国家は国際機構を創る存在であると同時に，国際機構を用いる存在でもあり，場合によれば国際機構によって統制される存在でもある。では，国家を法的に統制する（法的統制以外の統制を及ぼしているかどうかは別途検討する）国際機構を基礎付ける国際組織法とはいかなる法体系なのだろうか。

■ 国際組織法の体系

　第2章でも紹介したブライアリーは，*The Law of Nations* の初版では constitution の語を国際連盟の設立文書（すなわち国際連盟規約）の意味で使っているのに対し，第2版以降では，「国際的憲法の始まり（The beginnings of international constitutional law）」という節を設け，さらに，立法的機能，行政・執行的機能の節が続いている。ただし，あくまで国際連盟をはじめとした国際的な組織体（そこには国際行政連合も含まれる）は諸国の協力によって運営されているのであり，国際社会に実定的な憲法やそれに基づく統治機構が存在するとはいっておらず，国際社会に「政府なるもの」が存在しているかを検討する上での比喩的表現として用いていることに注意が必要である。

　これは，彼自身が一貫して国際法を「文明諸国間の法」として捉えていたことからすれば，当然のことであろう。このような，国際組織に関する国際法を国際法の一部，と捉える説は「**部分説**」と呼

ばれる。この説に従えば，国際法はあくまでも主権国家間の法であり，国際機構が出現しても，国際法体系の側は，主体としての国際機構と国際機構の出現に伴って変更が生じる部分（［植木 1992a：16］では，紛争処理，国際責任，外交関係，条約法を例に挙げる）を修正すれば済むことになる。とりわけ，国連などを通じた集団安全保障は，国際機構の存在なしには語ることのできない部分であろう。

　一方，第二次世界大戦前の時代に，全く異なる国際組織法論を唱えたのが横田喜三郎である。彼は，国際法が妥当する世界を国際法団体と捉え，それを規律する法体系を国際組織法として再構成した（［植木 1997：1-24］では「**同一説**」と名付けられている）。そこでの国際組織法は，国際法団体の団体員に関する法（国際法主体に関する法）と国際法団体の団体組織に関する法（最終的には国際立法，国際行政，国際司法に分かれる）として描かれる［横田 1949：60］。本書との関係で重要なことは，国際立法と国際行政についてであろう。

　一般条約の形成は一般に国際立法と捉えられる一方で，国際立法機関が存在しないことについては，「どのような手続きによって行われようと，どこまでも立法である。一般条約が明示的な意識的な国際法規範の定立であることは，いうまでもない。したがって，それは国際立法である。これに対する反対や疑問は，立法の手続きを立法の実質と誤解したことに基くもの」と断じる［横田 1949：68-70］。他方，国際行政については，国際法団体すなわち国際組織そのものの機関によって行われる直接国際行政と，国家を通じて行われる間接国際行政に分類される［横田 同上書：72-75］。その上で，直接国際行政の例として，国際河川委員会と特定の地方に対する国際連盟または国連の行政の機関を挙げつつ，「現在では，国際行政のうちで，非常に例外的な地位を占めている。きわめてかぎられた範囲で行なわれるだけである」とし，国際法の適用が国家の手によって行われている（間接国際行政）状況に留まっていることを認めている。

　この「部分説」と「同一説」の中間に位置するのが，**並列説**［植木 1992b：39-54］である。これは，伝統的な国際法とは別に新たな法分野としての国際組織法が出現したとの認識に基づくものであるが，「一方において国際社会のいわゆる組織化が進み国際組織に関する法が国際法体系全体の中でその単なる一分野にとどまらない重要な地位を占めるようになっているという現状認識を前提としながら，他方において国家間法としての伝統的国際法規範のすべての部分が『国際組織法』という体系の下に一元的に再構成されるには至っていないという国際社会の現段階における組織化の限界点をも踏まえ，客観的な事実認識とそれを前提として構築する法理論の純粋性との間のぎりぎりの接点において構築された，その意味ではきわめて現実的なバランス感覚の上に立脚した法理論であると評価」［植木 同上論文：52］される。

　では，国際組織法学の現実はどうか。多くの国際法の教科書が，国際機構の章を設け，国際法主体性（国際機構が国際法上の権利義務の担い手であるかどうか）や内部の組織構造を扱いつつ，他の章で国際機構の役割（権限）が説明されている。例えば，安全保障については特に章が設けられて，国際連盟や国連の安全保障機能について説明されていることが多いし，国際経済・貿易の章で世界貿易機関（WTO）が紹介され，特にその紛争解決手続きについて取り扱われていることなどを考えれば「部分説」が妥当していると考えるのが相当だろう。

■ 国連憲章の位置づけ

　ところで，国際機構を設立する条約（設立基本条約または設立基本文書と呼ばれる）は，各国際機構の任務・内部組織・意思決定手続きなど，国際機構の基本構造を定めている。それもあって，本章冒頭でも紹介したように英語ではしばしば，constitution あるいは constitutional document などと呼ばれる。設立基本条約は各国際機構にとっての「**憲法**」に相当する，という意味である。その一方で，逆に国連憲章を主権国家から成る国際社会の「**憲法**」と捉える見方もある。武力不行使原則や人権尊重義務など，国際法上重要な規定を盛り込んだ国連憲章が，今日の国際社会における法秩序の源泉として，文字通り国際社会の憲法だとするものである。

　国連憲章を国際社会の憲法とみなす際，特に重視されるのは，憲章 103 条の「国際連合加盟国のこの憲章に基く義務と他のいずれかの国際協定に基く義務とが抵触するときは，この憲章に基く義務が優先する」という規定である（なお，国際連盟規約 20 条にも同様の規定がある）。大量破壊兵器とその運搬手段の非国家主体による取得や使用を規制する安保理決議 1540（2004 年 4 月 28 日）が採択され，安保理による立法的機能の行使とされた［浅田 2009：22-29］*)。この決議と 103 条により，同決議に反する内容の条約上の義務は制限されることになる。

　しかし，このような安保理の活動は事例が限られる上，安保理理事国（とりわけ五大国）という特定国が安全保障に関わる規範創設を任務としているかどうかについては疑問も残るし，国際法定立における平等という主権平等原則に抵触する可能性もある。国連憲章上，安保理による規範創設が明示的に禁止されているわけではないが，浅田が指摘するように，「安保理はその権能の行使，なかでも法的拘束力ある決定を採択する権能の行使に当たっては，自ら慎重を期すべきである」［浅田 同上論文：30。傍点原文］という指摘を踏まえれば，国連憲章が国際社会の憲法であるとか，国連（とりわけ安保理）

---

*) テロリストへの資金供与等を規制する安保理決議 1373（2001 年 9 月 28 日採択）が，立法的機能を行使した初めての例とされるが，これは 1999 年 12 月 9 日に国連総会で採択されたテロ資金供与防止条約を反映させたものであり，安保理が純粋に新たな「法規範」を創設したわけではない。

が国際的な立法機関として存在しているわけではないことに注意が
必要である。なお，国連憲章には明文の脱退規定はないものの，国
家の主権性を考えれば脱退は可能であり，安保理の立法的機能に強
く反対する国は，国連を脱退することで安保理によって設定された
義務はもとより，慣習国際法化していない国連憲章上の基本原則の
適用からも免れることはできる。

　他方，国連憲章のみを一種の「成文憲法」とみなす立場のほかに，
他の普遍的・専門的国際機構の設立基本文書に掲げられた諸原則と
あわせて，**国際社会の「立憲性」**を指摘する論者もいる [例えば，
de Wet 2006]。もっとも，国際社会に憲法的規範があるのかどうか
について意見の一致は存在しないし，仮にある規範が憲法的価値を
含むとしてもそれがどのような効果を持つのかもはっきりしない
[佐藤 2001]。その意味では，国連憲章の位置づけも含め，国際社会
（とりわけ主権国家レベルでの国際社会）に実定的な意味での憲法が存
在するというのは依然として主観的な主張に留まる。とりわけ，国
連憲章などを通じた国際社会の立憲化を主張する議論が盛んになっ
たのが，冷戦終結後から 21 世紀初頭にかけてであったという時代
背景に留意する必要があろう。

3　国際機構の内部手続きと主権国家体制

■ 意思決定と国家主権──「一国一票」と「加重表決制」

　国家は，主権国家として国際機構に参加（加盟）する。加盟する
か否かは，国家の主権的判断により決定される。したがって，加盟
交渉に参加しても，何らかの事情で最終的な加盟を見送ることもあ
る（国内的事情で国際連盟に参加しなかったアメリカはその好例である）。
国際法学でいわれる，国際法の定立における平等（形式的平等）は，
国際機構設立においても維持されている。

　問題は，国際法の基本原則である主権平等原則が，国際機構の加盟後にどこまで維持されるか，という点である。国際行政連合の多くや国際連盟で見られたような，一国一票制による全会一致方式であれば問題は生じない。また，連盟規約 5 条 2 項（議事手続き事項），6 条 2 項（事務局長任命）といった国際機構の内部の運営に関する事項であれば，議事の効率化などの観点からも全会一致方式以外の意思決定方式が採用されても，必ずしも主権平等原則に反するとは考えられない（そのような運営がなされることを承知の上で加盟しているという点で，上記の国際法の定立における平等は確保されているからである）。ただし，歴史的には，主権平等原則を基礎としつつも，一種の加重表決制が導入された例は，国際河川委員会の時代から見られる。ライン川国際委員会は，各国内を流れるライン川の長さに応じて投票権が割り当てられていた［城山 1997：25-26］。

　加重表決制と主権平等の関係が国際法・国際機構論の関係で大きな論点となるのは，第二次世界大戦後の国際復興開発銀行（IBRD，世界銀行〔WB〕）と国際通貨基金（IMF）という二つの機構が誕生してからのことである。これらの機構での意思決定は，出資金の多寡によって決められている。その際は，主権平等に基づく一国一票方式を「形式的平等」とし，加重表決方式を「機能的平等」，すなわちそれぞれの国際機構で各加盟国が果たす役割（機能，具体的には組織運営にかかる発言権）に応じて票数を割り当てることにしても，「等しき者を等しく扱う」という正義の原則には反しないという理解が一般に受け入れられることになった。

■ 多数決と決議の効力

　国連憲章 2 条 1 項は，「この機構は，そのすべての加盟国の主権平等の原則に基礎を置いている」と規定する。さらに 18 条 1 項は総会における一国一票制を規定（同 2 項は特別多数決，3 項は「その他

の問題に関する決定は……過半数によって行われる」旨を規定している）している。これらを，総会の一般的権限に関する 10 条や 13 条と併せて読めば，およそ総会決議は勧告的効力のみを有し，仮に反対国を拘束することになれば主権平等原則と衝突することになる。

　しかし現実には，反対国をも拘束する事例が多数存在する。代表例としては，ブライアリーも挙げた予算の割り当てである。予算案を盛り込んだ決議に反対する加盟国にも支払い義務は発生する。また，議事手続き（21 条）についても同様である。従来，これらの決議は，国連という組織の運営に関わる，といういわゆる「**決議の内部的効果**」といった形で議論・整理されてきた。すなわち，一般国際法上の主権平等原則は機構外部での話であり，国連内部においては，異なる論理が働く，というのである［中村 1997：135-136］。ただ，そのように解すると，「加盟国の主権平等」という 2 条 1 項の規定は意味をなさなくなる。そもそも同項の起草史をたどると，1943 年10 月の段階では，「全ての平和愛好国の主権平等に基礎を置く」という，より制限的な規定であった。イギリスの提案により，日本・ドイツ・イタリアの早期加盟が実現した場合に，彼らに戦勝国同様の「平等」の地位を与えることへのためらいが存在したのである［Simma *et al.* Vol. Ⅰ 2012a：144］。仮にイギリス案が採用された場合，国連加盟を認められた旧枢軸国群に，どのような「不平等な」取り扱いがなされる予定だったのかは明らかではないが，例えば，**旧敵国条項**（憲章 107 条）の存在あたりは問題となろう。

　さて，仮に主権平等原則を国連内部の活動にも貫徹しようとすれば，反対国をも拘束するような総会決議の効力や範囲も，憲章上の根拠を必要とすると考えるしかない。例えば 17 条 2 項による「割り当て」が反対国には適用されないとすれば同項は死文化するし，手続規則（21 条）にせよ補助機関の設立（22 条）にせよ，反対国をも当然に拘束しなければ，それは単なる「総会決議違反」ではなく

「国連憲章違反」という事態を招くことになる。特に，分担金の滞納に対しては，総会での投票権が19条に基づいて停止されるという事実も，単に国連内部での決議違反というだけでなく，17条2項に基づく，憲章上の義務に対する違反の結果，憲章に基づいてとられる措置だと理解しなければならなくなる。

このことは，安保理の「決定」が25条を通じて全加盟国を拘束し，さらに103条を通じて他の国際協定上の義務に優先する，というのと同じ構造である（この点が問題になったものとして，ロッカビー事件がある。同事件の評釈として［森川 2001：168］。また安保理の決定によって設置された領域管理（暫定統治）型PKOが発する規則が25条の下で「国際法の一部を成す」との意見も出されている［*ICJ Reports 2010*：37-39，山田哲也 2011：28]）。すなわち，総会であれ，安保理であれ，設立基本文書の明文規定に沿い，その内容を実現するために採択される決議は，形式的には総会なり安保理の決議であっても，設立基本文書の内容を明確化・具体化させるという目的で，国際法としての地位（設立基本文書の解釈文書としての地位）を獲得するのである。

■ 基準設定活動――勧告的効力の性質

一定の総会決議が国連憲章の下で法的拘束力を有することがあるからといって，すべての総会決議に何らかの拘束力を認めることにはならない。討議し，研究を発議し，勧告を行う，という総会の本来の任務からいえば，総会決議が自動的に何らかの法規範性を持つことは考えにくい。他方で発議から採択まで長時間を要し，各国も条約交渉並みの労力を投入することがある。とすれば，採択したい側と採択したくない側の双方が総会決議に「何らかの（規範）力」を認めていることになると考えることも可能である。特に総会決議に基づいて一定の制度（日本に関わりの深いものとして「国連軍備登録制度」がある）が設けられ，実際に運用されることもある。これらの

現象をどのように理解すればよいだろうか。

　一つは，当該決議を「守りたいから守る（あるいは，守れるから守る）」という，いわば自己拘束的な効力を持つものとみるということである。これに対し，「守れない（守りたくない）」国は当該決議の採択を阻止するか，採択されても無視するという態度に出るだろう。もっとも，圧倒的多数が賛成したり，明確な反対がなかったりした状態で採択された決議（コンセンサス決議）については，その内容に不満を持っていても，公然とその内容に反する行動は採りにくいのが普通だろう。そこで勧告的な効力に留まるとはいえ，決議の採択への反対や，語句の修正を通じて，自国に有利な（あるいは少なくとも不利ではない）内容にすることにこだわるのである。

　そのように考えると，ブライアリーの当初の見立てとは異なり，総会決議といえども，一定の道義的な規範力は備わっていると見るのが適切だということになり，どの総会決議にいかなる規範力が備わっているかについては，設立基本文書上の，すなわち，条約上の義務として拘束されることに同意した範囲がどこまでか，ということと併せて慎重に検討する必要があるということである。

■ 国際機構の権限の限界

　国際組織法学的な論点として，もう一つ重要なことに触れておく必要がある。それは，「**黙示的権限（の法理）**」と呼ばれる，設立基本文書に明文の根拠規定はないが，各国際機構の設立目的達成のためと考えられる行動には合法性の推定が働く，というものである。

　国連を例にとれば，1947年の第一次中東戦争の際，現地に派遣された国連調停官ベルナドッテ伯爵らがユダヤ人兵士に殺害された際，国連がイスラエルに損害賠償を求めることができるかどうかが問題となった事件がある。これについてICJが，「国連に委ねられた任務の特徴及びその職員の使命の性質を考慮すれば，その職員の

機能的保護のための一定の措置を行なう国連の能力が国連憲章の必要な推論から生じることは明らかである」[*ICJ Reports 1949*：184，植木 2001：28-29。傍点筆者]と判断したのが最初の事例である。

　国際機構設立の時点で，将来の国際社会の変化や技術的発展をすべて予見することはできないが，国際機構を時代の変化にあわせて，意味ある存在にするためには，設立基本文書の目的論的解釈を通じて必要な権限（黙示的権限）を導く，という論理である（なお，佐藤哲夫はこれを「国際組織の創造的展開」と呼ぶ。[佐藤 1993]など）。PKOも国連憲章に明示の根拠規定はなく，黙示的権限論で説明される。要は，設立基本文書を通じて明らかにされた主権国家の意思である各国際機構の目的なり原則を「柔軟に」解釈し，その目的なり原則の実現に関連するか，その実現に資すると思われる権限を後から付与する，という考え方である。

　国際機構は，一般的国際機構であれ，専門的国際機構であれ，一定の目的を達成するために主権国家によって設立された組織体である。そのように考えれば，主権国家によって明示的に禁止されているわけではない権限は自由に行使できる，という考え方は採用できない。いいかえれば，設立基本文書に示された目的や原則は，主権国家が各国際機構の権限を「枠付ける」ものである。もっとも黙示的権限も，設立基本文書の解釈を緩やかにすれば，際限なく認められてしまう可能性がある。その中で，WHO による核兵器使用の合法性問題について ICJ は勧告的意見を与えなかったが，これを黙示的権限の限界を示す，すなわち，核兵器使用が健康にいかなる影響を及ぼすかについて勧告的意見を求めるのは WHO の権限外のものだとの指摘もある [*ICJ Reports 1996*：66，植木 2011：84-85 ほか]。

　いずれにせよ，設立基本文書は，加盟国に対する法的統制の基礎であると同時に，国際機構自身の活動に対する法的統制も行っている，ということになる。

■ 事務局員の地位を巡る問題——国際公務員法

　国際機構に関する法的問題として，もう一つ触れておかなければならないのが，国際機構の事務局員（国際公務員）の法的地位を巡る問題がある。［黒神 2006］によれば，国際河川委員会や国際行政連合においても事務局（の萌芽的形態）は存在したが，今日の事務局制度に通じるものが出現したのは，第一次世界大戦後の国際連盟と国際労働機関（ILO）であった。

　他方，国際連盟の場合，連盟規約6条1項2文で「聯盟事務局ニハ，事務総長1名並必要ナル事務官及び属員ヲ置ク」という文言はあるものの，彼らの勤務条件や任用契約をどのように規律し，紛争を処理するかについての明文規定はおかれておらず，当初は連盟理事会の管轄であったとされるが，その後1927年に国際連盟行政裁判所が設置された［黒神 同上書：23］。

　これに対し，国連に関していえば，101条で「職員は，総会が設ける規則に従って事務総長が任命する」との明文規定に基づき，職員規則（総会決議590（Ⅵ））とそれに基づいて事務総長が制定した職員細則が設けられ，また，1950年には**国連行政裁判所**が設置されている。

　国際公務員法は，あくまでも雇用主である事務総長（事務局長）と被雇用者たる国際公務員の関係を規律する法であって，純粋に国際機構内部の法であると認識されている。

4　国際組織法学の意義と限界

■ 法学的視座の意義

　冒頭で述べたように，国際社会の組織化現象にまず関心を寄せたのは，国際法学であった。それは，［図3-5］でも示したように，

「国際社会イコール主権国家体制」という基本的視座に立ち，そこに主権国家が条約を通じて主権国家とは異なる組織体を創りだしたことから考えれば，当然の反応であったといってもよい。ウィーン体制であれ，国際行政連合であれ，従来の二国間条約（外交）とは本質的に異なる，国際社会の一般的利益を実現するための多国間条約（外交）の出現・一般化に対して，国際法学は関心を寄せることになった。その意味で，国際組織法学は，多国間外交の一般化，という限定付きながら，グローバル化という現象を半ば所与のものとして認めていたともいえる。そのような認識の下で，国際組織法学が主体論と権限論を中心に展開されていったことはすでに述べた通りである。

　ところが，国際連盟や，特に国連の設立を機に，主体論と権限論の両方の側面で避けて通れない課題が出現した。それは，これらの国際機構が国家の主権性を否定する，という意味での「超国家（supra state）」であるかどうか，という問題である。もし国連が超国家であるなら，「国際社会イコール主権国家体制」という［図3-5］の第一の平面は否定され，国際社会は，国連を中心とした国際共同体（第二の平面）か，一気に世界市民社会（第三の平面）に移行することになる。しかし，ICJ は国連の超国家性を否定し，国際社会の第一の平面も維持され，国際法上，国際機構が二次的・派生的主体であるとの見方が定着した。

■ 法学的視座の限界

　国連の超国家性を否定することが，すべての国際機構の超国家性を否定することにつながるか，という ICJ の意見の射程の問題はさておき，とりあえずは，国際機構の権限は主権国家の意思によって枠付けられるものという考え方は一般的に定着している。しかし，今日，国際機構の権限や国際社会における位置づけ・役割を国際社

会の第一の平面のみで捉えることは不可能となっている。いいかえれば，国際社会の組織化や国際機構を国際組織法のレベルだけで捉えることはできないということである。

　そうなると，国際社会を主権国家のみからなる社会と見る視点には限界があるし，国際機構を（国際法の一部としての）国際組織法に限定して分析するのでは不十分だということになるのは明白だろう。

5　グローバル化と国際機構

■ 歴史的過程としてのグローバル化

　地球温暖化や貧困削減のような問題を「グローバル・イシュー」と呼び，日本語では「地球規模（の）課題」と訳すこともある。もっとも，グローバル化は歴史的な現象であり，19 世紀半ば以降の国際行政連合の登場を契機に，ヨーロッパを起点として世界は社会的・経済的に一気に「小さく」なってきた。とりわけ，冷戦の終結はアメリカとソ連の構造的対立とそれに伴う世界の分断を取り除いた。その結果，インターネットなど，アメリカの軍事用技術が民間にも開放され，情報の世界的同時化・即時化を引き起こすとともに，旧ソ連圏諸国で民主化と市場化が加速し，世界市場の統合も進展した，と説明される［滝田 2010：6-7］。その結果，地球が一つの共同体になった（かのように見える）のであり，「**越境化・脱領域化**」と表現できる［吉川 2014：2］。

■ グローバル化に伴う国際機構の変容

　国連を巡っては，かねてから「第一の国連」，「第二の国連」，「第三の国連」という三つの側面があることが指摘されてきた［Weiss *et al.* 2017：2-6］。「第一の国連」とは加盟国の討議の場としての国連であり，「第二の国連」とは事務総長を長とする事務局組織を指す。

ウィースらの理解では，事務局組織は加盟国（群）に完全には従属しておらず，それ自身が専門知識を持った「官僚機構」を形成している。そして「第三の国連」は，NGO，個人的専門家，各種の企業や団体，報道機関，学界などと国連の間のネットワークである。これらの国連を巡る三つの側面は，高度の技術性や専門性を持つ国際機構においても観察できる。

　さらにグローバル化の進展・深化は，ソーシャル・ネットワーク・サービス（SNS）を通じて，「個人（市民）」の情報発信力を高めたという点も見逃せない。例えば，ウクライナ侵攻（2022 年 2 月）では，個人が SNS を用いて被害状況が発信されていた。そのような情報も，国際機構の具体的な活動に影響を与える。

　グローバル・ガバナンスの定義については，第 3 章で触れた。そもそもガバナンスには「操舵する」という意味があり，そこから，統御することや，統御されている状態を指すようになったという［遠藤 2008a：5, 同 2010：3-4］。そうだとすれば，国境を越える問題に対する統御は，19 世紀以降の国際社会の組織化とほぼ同じ意味を持つことになる。例えばラインシュも，19 世紀末の国際行政連合について「技術・産業における進歩が，ゆっくりと，かつ，注意深く政治組織の形態として立ち現れてきている」状態を「国際化」と呼び［Reinsch 1911：v］，資本主義の発達によって，企業や労働者の存在感が増し，それが国家の統治形態にも影響を及ぼしていることを指摘する。

　主権国家からなる国際社会には，国内社会に見られる集権的な中央政府が存在しないことはすでに述べた。しかしながら，国際社会は無秩序（アナーキー）でもない。主権国家間の関係は国際法によって規律され，国際人権法は個人に，国際経済法や国際環境法は企業活動に影響を及ぼしている。一方で，古代におけるシルクロードを通じた東西交易の中で，商人たちの間に自然発生的秩序（商慣習）

が存在した。いいかえれば，一定のルール（広い意味での規範）の下での「操舵」は，国家によって作成された法規則だけではない。

■ グローバル・ガバナンス論の存在意義と内容

　グローバル・ガバナンス論は，このような状況認識の現代的な正しさと限界を学問分野あるいは理論として明らかにしようとする作業である。グローバル・ガバナンス論も，国際社会がアナーキーではないという世界観を共有している。すなわち，何か問題が起きたら，誰かが何らかの形でその問題を解決している，という発想に立つ。そこでは，問題解決の基準は，狭い意味での「法」に限定されず，広義の「規範」あるいは「制度」に依拠していることを示す必要が生じる。

　では，グローバル化した国際社会を，実際に誰がどのように統御しているのであろうか。それを「政府なき統治（governance without government）」と呼んだのがジェームズ・ローズノウであり［Rosenau 1992：4-9］，そのような視点から今日の国際社会（というより地球社会）を分析する視点がグローバル・ガバナンス論である。国 際 的ではなく地球的と名付けられているのは，グローバル・ガバナンス論が国家以外のアクターの役割も入れて，世界秩序の操舵あるいは統御のされ方を議論しようとしているからに他ならない。この「国家以外のアクター」を含めて考える際，グローバル・ガバナンス論では，多国間主義はもちろん，多主体間主義ともいわず，**マルチステークホルダー・プロセス**（MSP）という言葉を用いて表現する（例えば［庄司真理子 2017：93-137］）。ここには，主体と客体，あるいは，アクターとフォーラムといった伝統的二分法とは異なり，「多様な利害関係者」という語を用いることで，国家や国際機構はもとより，NGO や企業，さらには個人をも取り込み，多様なステークホルダー間での過程として国際関係を議論しようという意図が読み取れる。

いいかえれば，国際社会あるいは国際政治を［図 3-3］のまま分析しようとするものだともいえるかもしれない。

　国際機構がグローバル・ガバナンスで果たす役割として「一国の政府の機能と同様に，立法，行政，司法の三権に準じたガヴァナンスの作用が見受けられる」という意味で，「国際機構が国際社会における公的な秩序の形成に有益な役割を果たしている反面，構成国の私的な手段でもあるという二面性を具有している点も見落とせない」とされる［星野 2001：178-181］。一方，グローバル・ガバナンスが特定の中心を持たず，国際機構も国際機構自身によってではなく，媒介の存在を通じて対象にアプローチすることになる（多中心的ガバナンス）という指摘もある［山田高敬 2017a：23-58，同 2017b：109-133，西谷 2017b：201-251，など］。

6　グローバル・ガバナンスと国家・国際機構

■「大国」ないし「主要国」の存在

　まず，国際機構をはじめとする国際的な組織体が存在するためには，前提として大国ないし主権国家を必要とする。国際社会の組織化を志向する大国と，複数の大国の協調的な関係があって，その他の国家の間での協力も可能となる。ここまでの関係が狭い意味での，あるいは，伝統的な意味での多国間主義（マルチラテラリズム）であり，伝統的な意味での国際機構論の範疇はここまでとなる。その意味では，軍事的な意味での大国というより，特定の事項に強い関心を持つ主要国間関係あるいは秩序基底的国際関係といってもよい。

　次の国家間協力のレベルには，主として技術的・行政的な国際協力が相当することになる。ミトラニーの機能主義は，このレベルでの国際協力を推進するために国際機構を設立・利用することで秩序基底的国際関係を安定化させる（＝国境線の変更を伴う戦争を回避す

る）という発想であった。

　さらにそのような国家間の関係に加え，NGO・市民社会によって形成される私的なレジームが伝統的な多国間主義に加わることになる。［図 3-5］の第二のレベル（国際共同体）の登場であり，これを含めることで，多主体間主義（マルチラテラリズム）と呼ぶ今日の国際社会の姿となる。国際機構をはじめとする国際的な組織体は，これらの多主体間主義を取り巻くように存在する。

　現実の国際社会は，大国間関係を基調としつつ，さまざまなレベルでの国家間協力が存在するし，それに応じて国際機構を含む国際的組織体が存在する。

　他方で，前章でも検討したように，国際的組織体に一定の権威なり権限が認められた領域であっても，それは大国間関係なり国家間協力の中から滲出したものであって，国際的組織体が国家間関係や個別の国家に対して「権力的に」振る舞う場面は決して多くない。国連総会の勧告的決議や，人権や環境，衛生といった分野で「基準」が設けられたとしても，その実施・不実施は結局のところ，各国家に委ねられ，国際社会的にみれば，あくまでも「協力」の範疇に留まるからである。国際的組織体に一定の権限が委ねられ，それがアクターとして振る舞う場合でも，その権力性・権威性は事柄によって異なることに注意が必要である。

　これを別の角度から整理したのが，［表 10-1］である。この表は，グローバル・ガバナンスを手法の強制性・非強制性と，国際機構による直接的なガバナンスか非国家主体など第三者の関与の度合いが高い間接的ガバナンスかで類型化したものである。これを国際機構論が伝統的に取り上げてきたテーマとの関係で整理・説明してみたい。ここでは，「多国間的ハード・ガバナンス」，すなわち，達成すべき目標が明確かつ拘束的なレジームが確立し，非国家主体の関与が必ずしも必須ではない状況が想定されている。国際的なルールが

表 10-1　グローバル・ガバナンスの類型

	強制的	非強制的
直接的	多国間的ハード・ガバナンス *効果的だが，非効率的*	多国間的ソフト・ガバナンス *管理しやすいが，非効果的*
間接的	多中心的ハード・ガバナンス *効果的だが，管理しにくい*	多中心的ソフト・ガバナンス *効率的だが，管理しにくい*

〔出典〕〔山田高敬 2017b：112〕

明確で，各国家も自国の国内行政法を通じて国際的なルールを実施するので，効果（実効性）は高いと考えられる。伝統的な国際行政の分野がここに該当するといえよう。これに対し，「多国間的ソフト・ガバナンス」では，必ずしも拘束的なレジームが確立するとは限らず，目標達成は各国の手に委ねられる。これは目標の作成については合意が得られても，実現方法の策定で利害対立が発生する場合に見られる。例えば，気候変動に関する 2015 年のパリ協定が挙げられる〔山田高敬 2017b：113〕が，国際人権条約の実施体制の多くもこのタイプに分類できる。ただし，環境にせよ，人権にせよ，国際的・国内的 NGO が多数存在し，国家の政策形成や実施に対する監督機能を果たしており，さらには国際機構の活動にも大きな影響力を持っている。したがって，ここでいう「直接的・間接的」というのは，政策の実現における国家や国際機構の関与が直接的かどうかという点であることに注意が必要である。

　間接的な，つまり，非国家主体を通じて行われるのは，国際機構の側の資源が限定的な場合が多い。明確な政策目標を直接的に形成することができないからである。間接的ガバナンスであっても，明確な目標が形成され，各ステークホルダーがその実現に向けて一致した行動をとれば，すなわち，多中心的ハード・ガバナンスが成立すれば，一定の効果を上げることは可能であろう。他方，多中心的

ソフト・ガバナンスにおいては，レジームは存在せず，ステークホルダーが規範実現に向けた行動を取ることも期待しづらい。

　直接的であれ，間接的であれ，ガバナンスが「ソフト」である場合，ステークホルダー（国際機構論の文脈では一義的には国家）は，なぜ，あるいは，どのように「ソフト」な規範に従うのだろうか。まず，功利主義的には，「守ることによって自国にメリットがある」と思う場面が想定できる。メリットになるような誘導が機能する場合も同じである。また，前章でも触れた，「守りたいから守る」，あるいは，「守れるから守る」という自己拘束が働く場合も存在するだろう。いずれの場合でも，国家の自発的協力は不可欠であり，そこが国内の行政プロセス（最終的には公権力を通じた規範の強制が働きやすい）との最大の相違である。

■ 国際機構の位置づけ──二つの視点と機能主義

　先に国連の三つの側面を紹介したが，近年のグローバル・ガバナンス論では，国際機構の第二と第三の顔に着目した議論が出されるようになっている。それが「**オーケストレーション概念**」あるいは「**オーケストレーターとしての国際機構**」と呼ばれるものである［Abbott et al. 2015：3］。それは，「政府間国際機構は，そのガバナンス目標達成に向け，ターゲットとなる行為主体に対して，観念的ないし物理的支援を行いつつ，自発的な仲介者の協力を得る際，オーケストレーションに従事する」というものである。オーケストレーションにせよ，オーケストレーターにせよ，適切な訳語がないのだが，少なくともオーケストラを「指揮する（コンダクト）」とは異なるニュアンスが込められていることは確かであり，「調和的な編成」（原文の傍点は省略）と訳出されることもある［西谷 2017b：202］。

　ただし，国際機構が自らの意思で多様な主体間の「調和的な編成」を行っている訳ではない。国際機構の活動は，一義的には加盟

国の意思を通じて決定される。その点に着目した考え方が「本人・
代理人（principal-agent）関係」[Hawkins *et al.* 2006] である。それに
よれば，本人がその権威の一部を代理人に委託し，委託された代理
人が本人のために代わって活動する，というものである。第一の国
際機構が「本人」に相当し，その意向に沿うように，「代理人」で
ある国際機構が第三の国際機構とも連携しながら第二の国際機構と
して活動する。代理人としての国際機構の活動は，国際共同体や世
界市民主義的な国際社会にも影響を及ぼすし，本人である第一の国
際機構（主権国家体制）に影響を及ぼすこともあり得る。ここでい
う「本人」とは，加盟国を総体的に捉えるものであるが，実際には
個別の加盟国が独自の政策目標を持っているのであり，意思決定手
続きを経て一つの「本人」が形成される。個別の事項ごとに，国際
機構を「代理人」として承認する加盟国は異なることになる。承認
しない加盟国は，国際機構の活動に対しては非協力的になる。

　グローバル・ガバナンス論は，（政治的）多元主義の思考方法を採
用している点で機能主義と共通する。いいかえれば，国家以外の団
体（国際機構，NGO や国内的・国際的業界団体など自発的・自生的に活動
する団体）も国家と並んで権威を持つ，という視点である。「政府な
き統治」であれ，「政府的権力から政府的機能へ」[最上 2016：334]
であれ，国家機能の「退化 [国家の権限の移譲] と進化 [国際組織化]」
[ナヴァリ 2002：248] が生じている，という認識でも共通している。

　また，組織（フォーラム）のあり方については，特に意を用いてい
ないようにみえるのも両者に共通する点である。ミトラニーは「機
能（function）が組織（organs）を決定する」[Mitrany 1943：35] と言
明していたし，グローバル・ガバナンス論もハードなガバナンスと
ソフトなガバナンスの双方を取り込んで理論構築している。要は，
適切な「操舵」が行われていれば，そのフォーラムの形態には拘わ
らないということになる。

　その一方で，両者には相違点もある。第一に，規範に対する指向性である。グローバル・ガバナンス論では多様なステークホルダーによる規範の形成と実現が意識されるのに対し，機能主義ではまず，技術的・行政的な協力・協働が優先課題とされる。これは，それぞれの議論が登場した時代背景の差も影響している。すなわち，グローバル・ガバナンス論は冷戦終結後の「分断の克服（に見えた）」の時代の産物であるのに対し，機能主義は世界がまさに自由主義陣営とファシズム陣営とに分断されていた時代に提唱されたものだからである。

　このことは，第二の相違点，すなわち，「平和」への言及のされ方にも影響を与えている。機能主義は，技術的・行政的な協力の進展が平和をもたらす，という考え方を明確に打ち出していたのに対し，グローバル・ガバナンス論では必ずしも平和の実現という視点は強調されない（対人地雷禁止・クラスター弾禁止・核廃絶などでは，NGOを通じたアドボカシー〔政策提言〕が見られたが，それを通じて戦争そのものが抑制される，と考えていたかどうかは定かではない）。このように両者には共通点も相違点もある。さらに，「規範の『実行者』としての国家」の役割をどう位置づけ，評価するのか，そしてそれと国際機構（特に国際機構の第二・第三の側面）との関係をどのように整理するのか，という点は依然として残っている。

第11章 ── 国際社会の組織化と日本

本章のポイント

ここでは，日本が国際社会の組織化にどのように対応したかについて，簡潔に触れる。19世紀半ばの「開国」は，欧米諸国の東アジア進出に伴うものであるが，その時代は国際行政連合の誕生の時期にも重なる。明治以降の日本が急速な近代化を遂げた一方，第二次世界大戦の敗戦国となり，再び国連加盟を通じて国際社会に復帰する過程は，国際機構論そのものというより，近代日本政治外交史で扱われるべきテーマであろう。ただ近年，日本と国際連盟の関わりを扱った良質な近代日本政治外交史の書物も刊行されている。それらと国際機構論とを架橋するため，重要と思われるテーマに絞って，整理する。なお，本章に限り，必要に応じ年号に和暦を添えている。

1 国際貿易ネットワークへの参入

■ 明治期日本の外交目標

1853（嘉永6）年にペリーが浦賀に来航し，翌年には日米和親条約

を締結した。その後，1858（安政5）年，アメリカ，オランダ，ロシア，イギリス，フランスと修好通商条約を締結する。これらは，諸外国の領事裁判権を認め，日本には関税自主権がなく，ロシアを除いて片務的最恵国待遇を与えるという意味で，日本にとって不平等な内容だと考えられた。そのため，明治政府は不平等条約の改正が最大の外交目標とされた。その後に条約を締結した国も含め，1894（明治27）年にはアメリカを除く15カ国との間で条約改正にこぎつけ，アメリカとも1911（明治44）年に新たな日米通商航海条約を締結して，改正は完了した。

　欧米諸国が日本との間で不平等な権利義務を設定したのは，当時の日本が欧米諸国と同等の文明国ではないと考えたからであり，［図3-1］や［図3-2］との関係では，「非文明」あるいは「野蛮」とみなされたということになる。しかし，条約改正だけを理由に日本が文明国の仲間入りを果たしたわけではない。1889（明治22）年の大日本帝国憲法発布や，翌年の総選挙と議会の開設，裁判所制度も含めた各種の法律の公布など，さまざまな「近代化＝文明化」政策（文明開化）を採る中で徐々に文明国の仲間入りを果たしたのである。

　開国から条約改正の完成までの約半世紀余りは，ちょうど第1章で取り上げた国際行政連合が登場した時代に重なる。日本は，文明開化の時期，国際社会の組織化にどのように対応したのだろうか。

■ 電信と国際郵便

　今日ではほとんど使われなくなったが，文字を電気信号に置き換え，有線または無線でそれを相手方に送り，再び文字に戻す通信方式が電信であり，電信による文書のやり取りを電報と呼ぶ。電信がアメリカで普及するのは1850年代であり，1854（嘉永7）年のペリー来航の際は，当時の最新の電信機が日本側に贈呈されている。電信に関する第1回目の国際会議は1865年にパリで開催され，万国

電信連合の事務局は 1871 年に活動を開始している［Reinsch 1911：16-18］。その後，無線電信についても国際会議がベルリンで 1903 年に開催され，1906 年に国際無線電信連合が発足するが，1932 年に両者は合体し，**国際電気通信連合（ITU）**となった。日本が万国電信条約に参加したのは 1879（明治 12）年のことである。

　一方，国際郵便の取り扱いに関する万国郵便条約が締結され，**万国郵便連合（UPU）**が発足するのは，1874（明治 7）年であり，万国電信連合よりやや遅い。しかし，日本の UPU 加盟は 1877（明治 10）年であるから，日本が加盟した最初の国際行政連合は UPU だということになる。日本は UPU 加盟にあたって，欧米並みに近代化された郵便制度を整える必要があった。では，開国以降の日本は，どのように郵便制度を構築したのだろうか。そもそも，横浜などの開港場を得た欧米諸国は，どのように本国との郵便のやり取りをしたのだろう。前提として考えておかなければならないことは，欧米諸国は東アジアを国際貿易システムの中に組み込むことを目的としていたということである。このことは，原料や商品の輸出入を行うにあたっては，契約書や保険証券などの書類，さらには情報収集のための新聞のやり取りを伴うことを意味する。郵便はその手段として，当時，主力だったのである。

　この点について，必ずしも十分な史料が残っているわけではないが，先行研究によれば，1859（安政 6）年に横浜，長崎，兵庫に領事館を開設したイギリス，フランス，アメリカ（アメリカは箱館〔函館〕にも領事館を置いた）は，翌年から 1867（慶応 3）年にかけて，自国の郵便局を開設している［篠原宏 1982：Ⅱ］。UPU 設立以前，国境を越える郵便のやり取りには，二国間で郵便交換条約を締結する必要があった。当時，欧米諸国は進出先の国や植民地に配達網や信書の秘密維持について信頼性の面で問題がある場合，進出先の郵便網を利用せず自国の郵便局を開設していた［小風 2022：2］。これを外国

郵便あるいは植民地郵便という（郵便局開設までは領事館が郵便局としての機能も果たしていた。これは領事館郵便と呼ばれる）。

　日本は，近代的な郵便制度の整備に努め，1872（明治5）年には，ほぼ全国規模で郵便制度が確立する［麦力開 2013：34］。これを受けて，1873（明治6）年，アメリカとの間で郵便交換条約が締結される。郵便制度について，アメリカは日本が「近代化」したと判断したのである。そのためアメリカは，1874（明治7）年までには日本に設置した外国郵便局を閉鎖している。他方，イギリスとの条約交渉は難航した。それは，日本の郵便制度の近代化に厳しい評価を下したという側面がある一方，横浜・上海航路を巡る日英双方の船会社同士の競争という側面もあり，最終的にはイギリス側が1976（明治9）年夏に撤退する形で決着した［小風 2022：12-14］。

　日本とイギリスが私企業も巻き込む形で対立していた中，1875（明治8）年，日本はドイツから UPU への加盟の働きかけを受ける。UPU に加盟すれば，原則として二国間の郵便交換条約は不要となるし，日本は他の加盟国と平等の地位で郵便事業に参加することになるから，日本に残るイギリスとフランスの外国郵便局の閉鎖を求めることができ，郵便に関する日本の主権を取り戻すことになる。このような判断から，日本は UPU 加盟を急ぎ，1978（明治11）年の第2回万国郵便会議に出席し，UPU 加盟を果たすのである（発効は翌年）。

　19世紀後半の欧米諸国に「文明・非文明」という区別の発想があることはすでにふれたが，具体的になにが区別の基準であるかについては，必ずしも明確ではない［山田 2023, Gong 1984］。ただ，個別の事項ごとに，欧米並みの制度が構築されているかを判断していたことが窺われる。なお，明治以降の日本が，中国（清）や朝鮮半島に進出していったが，その際，日本も中国や朝鮮半島に外国郵便局を設置し，1913年までに日本は中国国内に129の郵便局を設置

したとされる（中国の UPU 加盟は，中華民国成立後の 1922 年）［麦力開 2013：39］。

2　ハーグ平和会議と国際連盟

■ハーグ平和会議

　日本は，1899（明治32）年と 1907（明治40）年の 2 回の**ハーグ平和会議**に，中国（清）とともに出席している。第 1 回ハーグ平和会議は，1895（明治28）年に日清戦争に勝利して，朝鮮国（大韓帝国）の独立を清に認めさせるとともに台湾を割譲させた下関条約（日清講和条約）の調印から 4 年後にあたる。また，第 2 回会議は，1905（明治38）年に日露戦争に勝利して，南樺太の割譲を受けたポーツマス条約（日露講和条約）に調印した上，大韓帝国の外交権を日本の監理指揮下に置くことを内容とする第二次日韓協約を締結した年の 2 年後ということになる。イギリスとの間で日英同盟が結ばれる時期に重なり，日本が朝鮮半島や満洲への進出を本格化させ，東アジアにおける日本の影響力が強まっていく時代にあたる。

　ハーグ平和会議はロシア皇帝ニコライ II 世の提案によるものであるが，「平和」のための会議というより，19 世紀後半以降の軍事費の急増で財政難に陥っていたロシア自身の状況を打開することを目的とした，帝国主義全盛の時代状況を反映した会議であった［国際法学会 2005：711］。ロシアは，大国が軍備縮小について合意することで，ロシア自身の財政負担を軽くしたいという思惑を持っていたのである。

　『日本外交文書』［外務省 1955a］によれば，日本はロシアの提案に対するヨーロッパ諸国の反応を慎重に見極めた上で，日本自身の対応策を考えたことが窺える。日本は，ロシアの提案に概ね賛成の態度を示しつつ，日本の軍備拡充政策に影響がある提案については反

対する方針を立てていた。そして，平和会議終了後に作成された報
告書では，軍備制限に関する提案以外はすべて諸国の合意が得られ
たことをもって，会議が成功を収めたと評価している。また「国際
社会の組織化」に関わる点として，会議で取り扱われた事項が広範
囲に及んだこと，さらに，世界からさまざまな人種的・宗教的背景
を持つ 26 カ国の代表が集まって，条約などの作成に成功したこと
は，国際会議が新たな時代を迎えたと評価していることが挙げられ
よう［外務省 1955b：58-59］。第 2 回会議については，日本が時代の
変化を実感したという記述はない。他方，日本による大韓帝国の保
護国化の不当性を訴えるために，韓国皇帝からの密命により 3 名の
韓国人がハーグに派遣されたハーグ密使事件についての記録が残さ
れている［外務省 1960：425-453］。

■ 国際連盟の設立

　イギリスとアメリカが国際連盟創設に向けた作業を本格化させる
のは 1918（大正 7）年 1 月以降であるが，それ以前にもアメリカの
平和強制同盟は，その国際連盟構想を日本に広めようとしていた。
しかし，総じて日本側の反応は鈍かった。ハーグ平和会議を通じて，
普遍的国際社会の萌芽的形態を見出していた日本ではあったが，国
際社会が引き続き欧米，あるいは英米主導で動いているということ
に潜在的な疑問あるいは批判の念を抱いていたのである。そのよう
な立場からの代表的な論稿が，後に総理大臣となる近衛文麿の「英
米本位の平和主義を排す」であった［近衛 1918］。近衛は，国民生
存権，人種平等そして正義人道という切り口から国際連盟構想を批
判する。その底流には，「文明化した」日本（人）は欧米諸国（＝西
洋）において平等に取り扱われるべきであるという認識がある一方，
文明化していない国あるいは人に平等原理の適用を回避できるとい
う論理を内包するものであった［中西 1993：244］。

1917（大正6）年に設置された臨時外交調査委員会（外交調査会）でも，国際連盟構想については数度検討されているが，必ずしも積極的な意見ばかりではなかった。そのため，パリ講和会議に臨むにあたり，日本として明確な方針を固めることはできず，会議の場で積極的に発言することは少なかった［篠原初枝 2010：62］。その中で日本が例外的に強く主張したのが，「人種平等条項」の挿入であった。当時，日本からの移民がアメリカやカナダで排斥運動の対象となっていただけでなく，外交官でさえさまざまな差別を受ける状況であった。そこで，国際連盟規約に「人種平等条項」を挿入し，国際連盟の基本方針とすることを迫ったのである。アメリカ側はある程度，日本の主張に理解を示したが，イギリスやオーストラリアが強く反対し，日本の提案が採決に付された際は，アメリカも反対した［篠原初枝 2010：69，大沼 1987：453］。

　それでも第一次世界大戦の戦勝国である日本は，理事会の常任理事国の地位を獲得し，第6章でも触れたように赤道以北の南洋諸島を日本の委任統治領とした。また，外交官として積極的に国際連盟を通じた外交を展開した石井菊次郎のような人物や，新渡戸稲造のように連盟事務局の職員として活躍した人もいる。さらに，外交官から連盟事務局員となり，最後は常設司法裁判所裁判官（1931〔昭和6〕年から3年間は所長。1934〔昭和9〕年病没）となった安達峰一郎のような例もある［柳原・篠原 2017，柳原 2022］。

■ 国際連盟脱退と日本の国際的孤立

　日本が，1931（昭和6）年9月18日の満洲事変を契機に国際的孤立を深め，やがて第二次世界大戦（太平洋戦争，大東亜戦争）に突入したと一般的には説明されるが，これについてはもう少し補足が必要である。

　満洲事変発生の4日前に非常任理事国となっていた中国は，満洲

事変の一件を連盟理事会に提訴した。国際連盟の理念と活動を支えるべき立場にある理事国間の紛争に，国際連盟がどこまで対応できるか，という一大問題の発生である。いったん9月30日に軍事行動の停止を求める決議が採択されたが，連盟理事会は休会となり，休会期間中の10月8日に錦州爆撃が発生する［篠原初枝 2010：201］。さらに，1932（昭和7）年1月には上海事変が発生する。以後，問題は総会に移管され，中小国も含めた場で議論されることになるが，日本はそれに不満であった。

　イギリス人ヴィクター・リットンを団長とする「リットン調査団」は，1932年2月にフランスを出発し，3月から約3カ月間，現地を視察して，9月に「リットン報告書」を完成させた。これに基づく連盟総会の報告書は，独立国としての満洲国の存在を認めないという日本にとって厳しい内容となっていた。これに不満を抱いた日本は，1933（昭和8）年2月24日に松岡洋右外相の演説を通じて国際連盟脱退を表明したのである。しかし，連盟規約の規定上，脱退の効力が生じるのは通告から2年後であり，それまでの間，日本は国際連盟の活動に一定程度参加していたし，脱退が確定した後も南洋諸島への委任統治は継続していた［樋口 2021］。このように考えると，満洲事変は日本の国際的孤立の契機であったにせよ，国際連盟との関係でそれを決定づけたのは，1937（昭和12）年に日中戦争が本格化した時期だったとも考えられる。

3　日本の国連加盟

　日本が敗戦後，連合国による占領統治の下に置かれ，1951（昭和26）年9月8日にサンフランシスコで署名された「**日本国との平和条約**」では，前文で日本が国連への加盟を希望すること，連合国はそれを歓迎することが記されている。また第5条では日本が国連憲

章第 2 条 3，4，5 項を義務として受諾することを規定している。翌年 4 月 28 日に平和条約が発効すると，日本は直ちに国連に加盟申請を行った（6 月 23 日）。しかし，実際に日本の加盟が認められるのは，それから 4 年半が経った 1956（昭和 31）年 12 月 18 日である。なぜ，それほどの時間が必要だったのだろうか。

　敗戦直後の日本（特に外務省）は，横田喜三郎の影響もあって国連の集団安全保障体制に強い関心と期待を寄せていた。しかし，冷戦構造の出現に伴い，ソ連が安保理で拒否権を行使するようになると，早くも集団安全保障体制に限界を感じ，第 51 条に基づく個別的および集団的自衛権に注目するようになる。これがその後の日米安全保障条約体制につながっていく［樋口 2021：237-247］。

　冷戦の激化は，国連への新規加盟にも影響を及ぼしていた。アメリカもソ連も自らの陣営に属する国の加盟には積極的であったが，相手側の国の加盟申請には拒否権を行使したからである。また，日本との平和条約にソ連は含まれていなかったから，法的には日本とソ連の間では戦争状態が継続しており，ソ連は日本を憲章第 4 条 1 項にいう「平和愛好国」ではないと非難していたのである。日本とソ連の間の戦争状態の終了は，1956（昭和 31）年 10 月 19 日に署名された**日ソ共同宣言**（効力発生は 12 月 12 日。なお，「共同宣言」という名称であるが，条約としての効力を有する）を待たなければならなかった。共同宣言第 4 項でソ連が日本の国連加盟を支持したことで，ようやく日本の加盟が実現したのである。加盟承認に際して，重光葵外相が行った受諾演説の中で，「日本が最初に加盟を申請してからやがて五年にもなりますが，わが国の加盟が今日まで実現しなかったのは，われわれの如何ともすべからざる外的理由に基くものである」と述べたのは，冷戦という国際社会の構造的問題が日本の加盟の障害になってきたことを表現している。

　日本が国連に加盟してまもなく 70 年となる。その間，安全保障，

平和維持，開発，人権・人道といった国連の個別・具体的な活動に対し，どのような協力を行い，それに関してどのような国内的議論があったかについては，すでに多くの先行研究が存在する。とりわけ，冷戦終結以降は，平和維持活動や「人間の安全保障」，SDGs，国際社会における法の支配の確立などさまざまな点で日本も一定の役割を果たしていることが論じられているので確認してほしい。

国際機構と国際機構論の課題

本章で学ぶこと

1 主権国家体制と国際社会の組織化
2 国際社会の組織化の含意
3 国際機構論の課題

本章のポイント

終章では，これまでの各章に共通する問題や，学問分野としての国際機構論が抱える課題をいくつか取り上げることで，本書のまとめとしたい。

1 主権国家体制と国際社会の組織化

■ 主権国家体制の延長線としての国際社会の組織化

　西ヨーロッパで生まれた主権国家体制は，理論的にも実践的にも，近代，主権，国家，民主制といった今日の国際法学・国際政治学などの基礎的概念を発展させていった［遠藤 2013：8］。その意味で，国際関係を巡る諸学問がヨーロッパや後に大国となるアメリカを中心とするのは，歴史の流れからしてやむを得ない側面を有している。さらに，主権国家体制の形成と同時に「組織化」現象を生んだのも，ヨーロッパである。それは，当初は行政分野ごとの協力・調整に留まっていたが，やがてハーグ平和会議と第一次世界大戦を経て国際平和を希求する国際連盟の設立に至った。そこでは，アメリカの国

力の伸張を抜きに語ることはできず，加盟には至らなかったにせよ国際連盟であれ，国連であれ，それらの創設に際しアメリカの存在は無視できない。ヨーロッパ生まれの「組織化」現象は，第二次世界大戦後の植民地独立を通じて，主権国家体制の普遍化としても定着する。

　その一方で，ヨーロッパはもとより，アジアでも，独自の地域化（地域主義）が生じている。ただし，それぞれの地域化（地域的国際機構の形成・発展）に差があることは第8章で概観した通りである。序章でも紹介したように，国際機構は，通常，普遍的（＝世界規模）な国際機構と地域的国際機構に分類して議論されることが多く，また，日本の場合，多くの国際機構論は普遍的国際機構に目を向ける傾向が強く，地域的国際機構（あるいは地域的国際社会の組織化）は，国際関係論の文脈で取り扱われ，両者をつなぐ理論はなかなか構築されず，普遍的国際機構を扱う研究者と地域的国際機構を扱う研究者の間での対話や相互理解の機会も乏しい。国際機構論，という側から見れば，国際機構論が一つの「理論」として収斂しきれていないことを意味するともいえる。その意味でグローバル・ガバナンス論は，多様なステークホルダー間の相互作用として国際関係を捉えることを想定しており，国際機構論の方法論に新たな可能性を与えようとしているようにも見える。その一方で，グローバル・ガバナンス論が，微視的な規範形成にのみ着目し，国際機構も国際機構論も多様だと結論するなら，それは国際機構論の断片化につながる。では，統一的な国際機構論を構築するとして，その鍵を握っているのは誰であろうか。

■ 主権国家体制の終焉？

　本書の立場は，逆説的かもしれないが，国際社会の組織化を正しく理解するには，実は主権国家（体制）の変化・変容を観察するし

かないように思われる，というものである。国際機構を創設するのが国家間の条約である，という（法学的）定義の問題は措くとして，いったん設立された国際機構を活かすか否かも，最終的には主権国家の側の判断である，という点には注意を払うべきであろう。

　国際機構論が，国際社会の組織化を対象とする学問だというのが本書の基本的視点である。また，国際社会の組織化に注目したのが国際法学であった，ということは，条約という形式によるものだけではない。国際政治は，主権国家によって構成される国際社会の存在を前提とする。ラインシュや蠟山が国際政治を外交とは別の概念で提唱したのは，20 世紀に入ってようやく，多数国間条約を通した組織化によって国際社会が形成されつつあることが認識されるようになったからに他ならない。

　では，なぜ国際社会は組織化したか。すでに記したように，ライン川における自由航行の制度化は，フランスの再興を抑制しつつ，関係国の経済的利益の最大化を目指すものであり，「安全保障と経済的繁栄の結びつき（security-prosperity nexus）」[Schenk 2021：9] を追求するものであった。ヨーロッパ協調の下で比較的安定していた西ヨーロッパは，産業革命の果実を享有することで，経済的繁栄を謳歌することができた。「国際社会の共通の利益」とは，まさに主権国家間の安全保障上の安定を前提としてもたらされる経済的利益であり，両者は共通善だったのである。

■ 主権国家による国際機構の多層的コントロール

　しかし，国際社会の組織化が，均質な，あるいは，同質性の高い構成員による国際社会をもたらしたわけではない。主要な構成員は引き続き主権国家である。2019 年 12 月以降の新型コロナウイルス感染症対策は主権国家を単位としているし，2022 年 2 月以降のロシアによるウクライナ侵攻も，基本的には主権国家を単位とする抗争

である。感染症対策やワクチン接種においては，主権国家ごとの能力に明らかな差が見られたし，ウクライナ侵攻を非難する国連総会決議も全会一致ではない。WHO なり国連に何を期待するかは，主権国家の事情によって異なる。「本人・代理人関係」との関連では，潜在的な「本人」が複数存在し，投票行動を通じて，それが一本化されるに過ぎない。非植民地化過程でイギリスが国連総会の動きを見誤ったのも，1950 年代以降の「本人」の交替に気づいていなかったからだともいえる。要は，たとえ国際機構が「法的に」国家から独立しているとしても，その生殺与奪の権は依然として主権国家の側にある，ということである。

　このように書くと，主権国家（体制）の傍若無人さばかりに目が行くことになるが，国際社会の組織化を推し進めてきたのも主権国家（体制）であることを忘れてはならない。各国の行政分野のほとんどの部分について国際機構が設立され，日々活動を行っている。今日の主権国家体制は，第2のレベルの国際社会である国際共同体にかなりの部分が取り込まれており，そこからの逸脱は困難になっているのが実情である。

　とはいえ，国際社会の組織化が，主権平等原則を貫徹する形で進んだわけではないことは，第1章でも触れた通りであり，ウィーン体制は明らかに大国の干渉的な振舞いを制度化したものであった。また，国際連盟や，国連安保理の常任理事国制度にせよ，ブレトン・ウッズ体制における加重表決制も，明らかに「大国を大国として扱う」不平等な制度設計が維持されている。

2　国際社会の組織化の含意

■ 国際社会の組織化と「平和」

　本書では，国際社会に共通利益が存在する，という見解は採用し

たものの，国際社会の組織化が平和をもたらす，という立場を明確には採らなかった。それは，国際社会の組織化あるいは国際機構が「平和的な営み・存在」とは必ずしも直結しないからである。

　国際連盟や国連は，戦勝国側の現状維持を目指したものであった。国連の目的は「国際の平和と安全の維持」であるが，ここでいう平和とは，蠟山が期待したような純粋な意味での国際平和主義ではなく，枢軸国による再侵略を防ぐことに主眼が置かれていた。また，国連は冷戦構造の下で，それを解決するどころか，安全保障機能の麻痺を招くことになった。機能主義の見立てでは，技術的・行政的国際協力の進展が国際平和をもたらすはずであったが，そうでないことは，2023 年現在，一目瞭然である。

　同様のことは，地域統合を重視する新機能主義についてもいえる。NATO の設立にせよ，ECSC に端を発する（西）ヨーロッパの「統合」も，ドイツを封じ込めるというヨーロッパ諸国（とアメリカ）の戦略と深く結び付いたものであった。さらに，ヨーロッパ諸国の統合は，他国・地域（とりわけアメリカ）に対する発言力の確保，という側面があることも見逃すことはできない。ASEAN も独自の共同体化を推し進めてはいるが，それも域外（大）国との対抗という性格が強く，「ASEAN を核としたアジア（太平洋）の統合」を目指すものではない。地域レベルでの組織化は，地域内の平和はもたらすかもしれないが，地域外との関係では対抗の余地が残るのである。

　つまり，国際社会の組織化は，必ずしも平和をもたらすためのものではない，ということになる。より悲観的・消極的な表現をするなら「破壊を可能な限り回避すること」とでも呼ばざるを得ないことになる。

■ 国際社会の組織化のメリット

　では，それでも国際社会の組織化が促される要因は何なのであろ

うか。第一は，前節でも触れた，安全保障と経済的繁栄の同時追求である。その際，いかなるニーズを充足させるために，どのような組織を形成するかは，基本的に主権国家の意思やパワーに委ねられている。

　第二は，事務局を備えた国際機構や英連邦のように，事務局それ自身が独立した専門的・技術的な官僚システムを形成し，それが自己増殖的に活動を活発化させていることである。官僚システムに限らず，およそ組織が形成されるとそれが肥大化していくことは，経験則上，明らかである。これによってそれまで提供されてこなかったサービスが国際社会に提供されるようになれば，国際社会の組織化の進展に資することになる。もっとも，自己増殖的拡大には欠点もあり，任務の重複や組織の肥大化を招く場合もある。効率的な組織化の進展のために，事務局機構の絶えざる内部的見直しや，外部の機関との相互調整が必要となる所以である。

　第三に，国際的な NGO のネットワークの広がりを挙げることもできる。彼らは，事務局と協働することもあるし，主権国家に対して問題提起や異議申し立てをする場合もある。これらを通じて，従来であれば主権国家と国際機構を通じて行われてきた，新たな規範の形成や実施のプロセスを変革させる可能性も秘めている。

　いずれにせよ，国際機構は，［図 3-4］で示したような，三層からなる国際社会をつなげる媒介として機能することが期待される。逆にいえば，国際社会は主権国家体制だけでは成立していない，ということでもある。先にも述べたとおり，三層からなる国際社会の間では規範の衝突が起きる。国際機構が衝突を調整し，規範の創設を促す主体として行動することを通じて，衝突や摩擦を回避することを主権国家自身が期待しているといえよう。主権国家は今なお強靭な存在であるが，国際社会の共通利益の存在なり，国際社会の共同体化を受け入れなければ，もはや主権国家は主権国家たり得ない，

ということを主権国家自身が認識していることが国際社会の組織化を促す最大の要因なのである。他方で，2014 年のロシアによるクリミア併合や，2017 年以降に顕著になったアメリカ第一主義に象徴される，従来のリベラルな価値・規範に根差した国際秩序の後退など，国際社会のさらなる組織化には逆風が吹いている。この状況を改めて逆転できるかが今日の課題なのであろう。

3　国際機構論の課題

　序章でも触れたように，国際機構論，という言葉は多義的に理解されてきた。一方，本書は各国際機構の活動をカタログ的に紹介するのではなく，国際社会の歴史的変容の中での国際社会の組織化，という観点から国際機構を論じてきた。そこでの問いは，国際機構の分析（国際社会の組織化の分析）を通じた，各々の時代の国民意識や国民国家像との対比，であった。この点についてまとめることで，今後の国際機構論のあり方を考えていくことにしたい。

　まず，国際社会の組織化は，国民意識やそれに支えられた国民国家像を「大きくは」変えていない，ということである。EU については少し事情が異なるが，例えば，日本人が「日本人である」と感じる前に「国連加盟国の国民である」と感じる人はほとんどいないだろう。また，国際郵便を利用する際に，UPU の存在を感じることも少ないに違いない。他方，国際社会の組織化の過程では，しばしば「民族」が単位として語られてきた。19 世紀半ばは，文明対非文明の象徴としてのヨーロッパ対非ヨーロッパであった。ウィルソンの『14 カ条』の主眼は，中・東欧の少数「民族」の取り扱いに置かれていた。第二次世界大戦は，アングロ・サクソン対ゲルマン／日本という図式でも描かれる。純粋な意味での民族ではないが，「南北問題」も究極においては「自己と他者」の対立を組織化の中でい

かに調和させるかという問題である。このことは，近年顕著になっ
てきた，新たな対抗と拮抗の構図においても当てはまる。

　しかし，もし我々の日常生活に身近な事項が，国際機構によって
決められ，それを我々の手で覆せない，ということになったら，俄
然，その国際機構の存在感は（批判的な文脈で）増すことになるだろ
う。それが現実に起きているのが EU である［遠藤 2016：特に 201-205］。
そこでは，それぞれの国民意識が「EU 市民意識」に止揚されない
（止揚されにくい）という問題が起きているのである。

　このことは，新機能主義が想定したような「地域的統合が進めば
平和が実現する」という図式が安易であることを含意する。その意
味では，国民的（民族的）な連邦より技術的・行政的国際協力の重
要性と有効性を唱えた機能主義の方が優れているようにもみえるが，
技術的・行政的国際協力の文脈で，いずれかの国民の「民族」意識
に火がつけば，国際協力は機能不全に陥る（世界遺産登録を巡る日韓
間の対立など）。その意味でも，「国民≒民族（単一であるとは限らな
い）」を包摂して国際関係の単位とする主権国家体制は強靭なので
ある。ナヴァリの「国家の権限の移譲と国際組織化」は，主権国家
体制を世界市民主義体制に組み替えることを意味していない。国民
あるいは民族という意識が存続する限り，世界市民主義は部分的に
しか存在しない。主権国家体制，国際共同体，そして世界市民主義
の間に存在する規範の衝突が国際機構なり国際社会のさらなる組織
化を通じて，どのように調整されるのか，また，あわよくば克服さ
れるのか，それを冷静に見極めるのが国際機構論に引き続き課され
た課題ではなかろうか。

参考文献一覧

明石欽司（2009）『ウェストファリア条約：その実像と神話』慶應義塾大学出版会

秋田茂（2017）『帝国から開発援助へ：戦後アジア国際秩序と工業化』名古屋大学出版会

浅田正彦（2009）「国連安保理の機能拡大とその正当性」村瀬信也編『国連安保理の機能変化』東信堂

アチャリア，アミタフ〔芦澤久仁子訳〕（2022）『アメリカ世界秩序の終焉：マルチプレックス世界のはじまり』ミネルヴァ書房

五十嵐元道（2016）『支配する人道主義：植民地統治から平和構築まで』岩波書店

板橋拓己（2018）「近代主権国家体系の生成」小川浩之・板橋拓己・青野利彦『国際政治史：主権国家体系のあゆみ』有斐閣

植木俊哉（1992a）「『国際組織法』の体系に関する一考察：「国際組織法総論」構築のための予備的考察（一）」『法学』第56巻1号

植木俊哉（1992b）「『国際組織法』の体系に関する一考察：「国際組織法総論」構築のための予備的考察（二）」『法学』第56巻2号

植木俊哉（1997）「『国際組織法』の体系に関する一考察：「国際組織法総論」構築のための予備的考察（三）」『法学』第61巻4号

植木俊哉（1998）「『国際組織法』の体系に関する一考察：「国際組織法総論」構築のための予備的考察（四）」『法学』第62巻3号

植木俊哉（2001）「国際法主体の意味と国連の法人格：国連の職務中に被った損害の賠償事件」山本草二・古川照美・松井芳郎編『国際法判例百選（別冊ジュリスト156号）』有斐閣

植木俊哉（2011）「国際組織の権限：武力紛争時の核兵器使用の合法性事件（WHO諮問）」小寺彰・森川幸一・西村弓編『国際法判例百選［第2版］（別冊ジュリスト204号）』有斐閣

上原良子（2014）「ヨーロッパ統合の生成　1947-50年」遠藤乾編『ヨー

　　ロッパ統合史［増補版］』名古屋大学出版会

臼井実稲子編（2000）『ヨーロッパ国際体系の史的展開』南窓社

臼井陽一郎編（2015）『EU の規範政治：グローバルヨーロッパの理想と
　　現実』ナカニシヤ出版

臼杵英一（2007）「PKO の起源：國際聯盟レティシア委員会（1933 ～ 34
　　年）」軍事史学会編『PKO の史的検証（軍事史学第 42 巻第 3・4 合併
　　号）』錦正社

内田孟男（2002）「序論：グローバル・ガバナンスにおける国連事務局の
　　役割と課題」日本国際連合学会編『グローバル・アクターとしての国
　　連事務局（国連研究第 3 号）』国際書院

遠藤乾編（2008a）『グローバル・ガバナンスの最前線：現在と過去のあい
　　だ』東信堂

遠藤乾編（2008b）『原典　ヨーロッパ統合史：史料と解説』名古屋大学
　　出版会

遠藤乾（2010）「グローバル・ガバナンスの歴史と思想」遠藤乾編『グロ
　　ーバル・ガバナンスの歴史と思想』有斐閣

遠藤乾（2012）「EU の規制力：危機の向こう岸のグローバル・スタンダ
　　ード戦略」遠藤乾・鈴木一人編『EU の規制力』日本経済評論社

遠藤乾（2013）『統合の終焉：EU の実像と論理』岩波書店

遠藤乾編（2014）『ヨーロッパ統合史［増補版］』名古屋大学出版会

遠藤乾（2016）『欧州複合危機：苦悶する EU，揺れる世界』中央公論新
　　社

遠藤乾・鈴木一人編（2012）『EU の規制力』日本経済評論社

大久保明（2018）「国際連盟の成立をめぐるイギリスの政策：会議体制に
　　よる戦争の防止」『国際関係研究』第 38 巻 2 号

大芝亮（2016）『国際政治理論：パズル・概念・解釈』ミネルヴァ書房

大沼保昭（1987）「遥かなる人種平等の思想：国際連盟規約への人種平等
　　条項提案と日本の国際法観」大沼保昭編『国際法，国際連合と日本：
　　高野雄一先生古稀記念論文集』弘文堂

大庭三枝（2014）『重層的地域としてのアジア：対立と共存の構図』有斐
　　閣

大庭三枝（2016）「ASEAN 政治安全保障共同体のめざす域外戦略」鈴木
　　早苗編『ASEAN 共同体：政治安全保障・経済・社会文化』アジア経

済研究所

大平剛（2008）『国連開発援助の変容と国際政治：UNDP の 40 年』有新堂高文社

岡田泉（2001）「旧ユーゴー国際刑事裁判所設置の法的根拠：タジッチ事件（中間判決）」山本草二・古川照美・松井芳郎編『国際法判例百選（別冊ジュリスト 156 号）』有斐閣

緒方貞子（1982）『日本における国際組織研究（NIRA 国際関係研究シリーズ 1)』総合研究開発機構

小川浩之（2012）『英連邦：王冠への忠誠と自由な連合』中央公論新社

奥脇直也（1991）「『国際公益』概念の理論的検討：国際交通法の類比の妥当と限界」広部和也・田中忠編集代表『国際法と国内法：国際公益の展開（山本草二先生還暦記念)』勁草書房

長有紀枝（2021）『入門 人間の安全保障：恐怖と欠乏からの自由を求めて［増補版]』中央公論新社

押村高（2004）「国家の安全保障と人間の安全保障」『国際問題』第 530 号

帯谷俊輔（2019）『国際連盟：国際機構の普遍性と地域性』東京大学出版会

帯谷俊輔（2022）「国際機構における『技術』と『政治』：戦争・国家建設・ナショナリズムの狭間で」川島真・岩谷將編『日中戦争研究の現在：歴史と歴史認識問題』東京大学出版会

外務省編（1955a）『海牙萬国平和会議日本外交文書第 1 巻』日本国際連合協会

外務省編（1955b）『海牙萬国平和会議日本外交文書第 2 巻』日本国際連合協会

外務省編（1960）『日本外交文書（第 40 巻第 1 冊）』日本国際連合協会

外務省編（2023）『外交青書 2023（令和 5 年版)』

加藤俊作（2000）『国際連合成立史：国連はどのようにしてつくられたか』有信堂高文社

上野友也（2012）『戦争と人道支援：戦争の被災をめぐる人道の政治』東北大学出版会

鴨武彦（1985）『国際統合理論の研究』早稲田大学出版部

鴨武彦（1992）『ヨーロッパ統合』日本放送出版協会

北岡伸一（2007）『国連の政治力学：日本はどこにいるのか』中央公論新

社

吉川元（2014）「グローバル化とグローバル・ガヴァナンス」吉川元・首藤もと子・六鹿茂夫・望月康恵編著『グローバル・ガヴァナンス論』法律文化社

吉川元（2015）『国際平和とは何か：人間の安全を脅かす平和秩序の逆説』中央公論新社

木畑洋一（1997）『国際体制の展開』山川出版社

木畑洋一（2005）「国際関係史のなかのヨーロッパ統合：非ヨーロッパ世界との関わりから」木畑洋一編『ヨーロッパ統合と国際関係』日本経済評論社

木畑洋一（2006）「世界大戦と帝国の再編」倉沢愛子ほか編『20世紀の中のアジア・太平洋戦争（岩波講座アジア・太平洋戦争8）』岩波書店

君塚直隆（2006）『パクス・ブリタニカのイギリス外交：パーマストンと会議外交の時代』有斐閣

君塚直隆（2010）『近代ヨーロッパ国際政治史』有斐閣

京都フォーラム監訳・編（1995）『地球リーダーシップ：新しい世界秩序をめざして』日本放送出版協会

桐山孝信（2001）『民主主義の国際法』有斐閣

桐山孝信（2006）「領土帰属論からガバナンス論への転回と植民地主義：委任統治制度再考への今日的意義」浅田正彦編『21世紀国際法の課題（安藤仁介先生古稀記念）』有信堂高文社

草間秀三郎（1990）『ウィルソンの国際社会政策構想：多角的国際協力の礎石』名古屋大学出版会

久保田徳仁（2012）「理念としての主権国家体系の形成と浸透：国際体系観はどのように変化していったのか」山影進編『主権国家体系の生成：「国際社会」認識の再検証』ミネルヴァ書房

クラズナー，スティーブン・D.〔太田宏訳〕（2001）「グローバリゼーション批判」渡辺昭夫・土山實男編『グローバル・ガヴァナンス：政府なき秩序の模索』東京大学出版会

黒神直純（2006）『国際公務員法の研究』信山社

黒神直純（2011）「国際組織加盟国の地位：国際すず理事会事件」小寺彰・森川幸一・西村弓編『国際法判例百選［第2版］（別冊ジュリスト204号）』有斐閣

香西茂（1991）『国連の平和維持活動』有斐閣

高坂正堯（1966）『国際政治：恐怖と希望』中央公論新社

小風秀雅（2022）「国際郵便ネットワークへの参入をめぐる国際関係：日米郵便交換条約締結・万国郵便連合加盟をめぐって」『立正大学大学院紀要』第38号

国際法学会編（2005）『国際関係法事典［第2版］』三省堂

國際聯盟協会編（2006）『リットン報告書：日支紛争に関する國際聯盟調査委員會の報告（英文並に邦訳）［復刻版］』角川学芸出版

小寺彰（1996）「『国際組織』の誕生：諸国家体系との相剋」柳原正治編『国際社会の組織化と法（内田久司先生古稀記念論文集）』信山社

後藤春美（2014）「イギリス帝国の危機と国際連盟の成立」池田嘉郎編『第一次世界大戦と帝国の遺産』山川出版社

後藤春美（2016）『国際主義との格闘：日本，国際連盟，イギリス帝国』中央公論新社

後藤春美（2022）「世界大戦による国際秩序の変容と残存する帝国支配」荒川正晴ほか編『二つの大戦と帝国主義Ⅰ　20世紀前半（岩波講座世界歴史20)』岩波書店

近衛文麿（1918）「英米本位の平和主義を排す」『日本及日本人』第746号

小林啓治（2002）『国際秩序の形成と近代日本』吉川弘文館

コント，アルチュール〔山口俊章訳〕（2009）『ヤルタ会談　世界の分割：戦後体制を決めた8日間の記録』二玄社

佐藤哲夫（1993）『国際組織の創造的展開：設立文書の解釈理論に関する一考察』勁草書房

佐藤哲夫（2001）「国際社会における"Constitution"の概念：国際連合憲章は国際社会の憲法か？」一橋大学法学部創立50周年記念論文集刊行会編『変動期における法と国際関係』有斐閣

茂田宏・小西正樹・倉井高志・川端一郎編訳（2022）『戦後の誕生：テヘラン・ヤルタ・ポツダム会談全議事録』中央公論新社

篠原初枝（2003）『戦争の法から平和の法へ：戦間期のアメリカ国際法学者』東京大学出版会

篠原初枝（2010）『国際連盟：世界平和への夢と挫折』中央公論新社

篠原宏（1982）『外国郵便事始め』日本郵趣出版

清水奈名子（2011）『冷戦後の国連安全保障体制と文民の保護：多主体間

主義による規範的秩序の模索』日本経済評論社

庄司克宏（2007）『欧州連合：統治の論理とゆくえ』岩波書店

庄司克宏（2013）『新 EU 法基礎篇』岩波書店

庄司真理子（2017）「紛争予防規範と平和構築規範の複合と交錯：国連におけるマルチステークホルダー・プロセスの生成過程を例として」西谷真規子編著『国際規範はどう実現されるか：複合化するグローバル・ガバナンスの動態』ミネルヴァ書房

城山英明（1997）『国際行政の構造』東京大学出版会

城山英明（2013）『国際行政論』有斐閣

スガナミ，H.〔臼杵英一訳〕（1994）『国際社会論：国内類推と世界秩序構想』信山社出版

鈴木絢女（2012）「イタリア国際体系の展開：主権国家体系の雛形はどんなものであったのか」山影進編『主権国家体系の生成：「国際社会」認識の再検証』ミネルヴァ書房

鈴木早苗（2016）「ASEAN 共同体とは何か？」鈴木早苗編『ASEAN 共同体：政治安全保障・経済・社会文化』アジア経済研究所

鈴木めぐみ（1997）「国際河川における航行の自由：1815 年ウィーン会議議定書の原則を中心に」『早稲田大学大学院法研論集』第 80 号

鈴木基史（2017）『グローバル・ガバナンス論講義』東京大学出版会

田岡良一（1941）『委任統治の本質』有斐閣

田岡良一（1949a）『國際連合憲章の研究』有斐閣

田岡良一（1949b）「連盟規約第 16 条の歴史と国際連合の将来」京都大学法学会恒藤博士還暦記念論文集刊行会編『法理学及国際法論集：恒藤博士還暦記念』有斐閣

高野雄一（1975）『国際組織法〔新版〕（法律学全集 58）』有斐閣

高橋慶吉（2019）「F・D・ローズヴェルトと民族自決理念の普遍化：ウィルソン外交との比較」『阪大法学』第 69 巻 3・4 号

滝澤美佐子（2004）『国際人権基準の法的性格』国際書院

滝田賢治（2010）「グローバリゼーションと東アジアの経済リージョナリズム：通貨協力と自由貿易協定を中心として」内田孟男編『地球社会の変容とガバナンス』中央大学出版部

詫摩佳代（2020）『人類と病：国際政治から見る感染症と健康格差』中央公論新社

豊田哲也（2022）「国際防疫協力と国益の葛藤：19世紀国際衛生会議から日本の参加まで」『続・戦争と統治のあいだ（関西大学法学研究所研究叢書）』

ナヴァリ，コーネリア（2002）「デーヴィッド・ミトラニーと国際機能主義」デーヴィッド・ロング／ピーター・ウィルソン編著〔宮本盛太郎／関静雄監訳〕『危機の20年と思想家たち：戦間期理想主義の再評価』ミネルヴァ書房

永田尚見（2010）『流行病の国際的コントロール：国際衛生会議の研究』国際書院

中西寛（1993）「近衛文麿『英米本位の平和主義を排す』論文の背景：普遍主義への対応」『法学論叢』第132巻4・5・6号

中西寛（2003）『国際政治とは何か：地球社会における人間と秩序』中央公論新社

中村道（1997）「日本における国際機構法研究」『国際法外交雑誌』第96巻第4・5合併号

納家正嗣（1999）「戦争の防止と国際組織」横田洋三編『国際組織法』有斐閣

納家政嗣（2003）『国際紛争と予防外交』有斐閣

納家政嗣・上智大学国際関係研究所編（2021）『自由主義的国際秩序は崩壊するのか：危機の原因と再生の条件』勁草書房

西平等（2022）『グローバル・ヘルス法：理念と歴史』名古屋大学出版会

西海洋志（2021）『保護する責任と国際政治思想』国際書院

西海洋志・中内政貴・中村長史・小松志朗編著（2023）『地域から読み解く「保護する責任」：普遍的な理念の多様な実践に向けて』聖学院大学出版会

西谷真規子（2017a）「国際規範とグローバル・ガバナンスの複合的発展過程」西谷真規子編著『国際規範はどう実現されるか：複合化するグローバル・ガバナンスの動態』ミネルヴァ書房

西谷真規子（2017b）「多中心的ガバナンスにおけるオーケストレーション：腐敗防止規範をめぐる国際機関の役割」西谷真規子編著『国際規範はどう実現されるか：複合化するグローバル・ガバナンスの動態』ミネルヴァ書房

西谷真規子・山田高敬著編（2021）『新時代のグローバル・ガバナンス

論：制度・過程・行為主体』ミネルヴァ書房

馬路智仁（2012）「アルフレッド・ジマーンの国際的福祉社会の構想：ブリティッシュ・コモンウェルス，国際連盟，環大西洋的共同体の思想的連環」『国際政治』第 168 号

半澤朝彦（2003）「国際政治における国連の『見えざる役割』：1956 年スエズ危機の事例」『北大法学論集』第 54 巻第 2 号

半澤朝彦（2010）「液状化する帝国史研究：非公式帝国論の射程」木畑洋一・後藤春美編著『帝国の長い影：20 世紀国際秩序の変容』ミネルヴァ書房

半澤朝彦（2014）「国連とコモンウェルス：リベラルな脱植民地化」山本正・細川道久編著『コモンウェルスとは何か：ポスト帝国時代のソフトパワー』ミネルヴァ書房

樋口真魚（2021）『国際連盟と日本外交：集団安全保障の「再発見」』東京大学出版会

広瀬佳一（2012）「NATO 入門」広瀬佳一・吉崎知典編著『冷戦後の NATO："ハイブリッド同盟"への挑戦』ミネルヴァ書房

広瀬佳一（2023）『NATO（北大西洋条約機構）を知るための 71 章』明石書店

ヒンズリー，ハリー〔佐藤恭三訳〕（2015）『権力と平和の模索：国際関係史の理論と現実』勁草書房

藤田久一（1998）『国連法』東京大学出版会

船尾章子（2000）「国際連盟構想の起源とその展開」桐山孝信・杉島正秋・船尾章子編『転換期国際法の構造と機能（石本泰雄先生古稀記念論文集）』国際書院

ブル，ヘドリー〔臼杵英一訳〕（2000）『国際社会論：アナーキカル・ソサイエティ』岩波書店

星野俊也（2001）「国際機構」渡辺昭夫・土山實男編『グローバル・ガヴァナンス：政府なき秩序の模索』東京大学出版会

細谷雄一（2010a, b）「『ユナイテッド・ネーションズ』への道：イギリス外交と「大同盟」の成立，1941-42 年（1，2・完)」『法学研究』第 83 巻 4・5 号

細谷雄一（2011）「国際連合創設への設計図：チャールズ・ウェブスターと世界秩序の構想，1942-43 年」『法学研究』第 84 巻第 1 号

細谷雄一（2012）『国際秩序：18世紀ヨーロッパから21世紀アジアへ』中央公論新社

細谷雄一（2013）「国連構想とイギリス外交：普遍主義と地域主義の交錯 1941～43年」細谷雄一編著『グローバル・ガバナンスと日本』中央公論新社

ポルマン，リンダ〔富永和子訳〕（2003）『だから，国連はなにもできない』アーティストハウスパブリッシャーズ

マクミラン，マーガレット〔稲村美貴子訳〕（2007a, b）『ピースメーカーズ：1919年パリ講和会議の群像（上・下）』芙蓉書房出版

眞嶋俊造（2010）『民間人保護の倫理：戦争における道徳の探求』北海道大学出版会

マゾワー，マーク（2015）〔池田年穂訳〕『国連と帝国：世界秩序をめぐる攻防の20世紀』慶應義塾大学出版会

松田幹夫（1995）『国際法上のコモンウェルス：ドミニオンの中立権を中心として』北樹出版

松本佐保（2005）「パクス・ブリタニカから世界戦争へ：転換期のイギリス外交」佐々木雄太・木畑洋一編『イギリス外交史』有斐閣

政所大輔（2020）『保護する責任：変容する主権と人道の国際規範』勁草書房

麦力開色力木（2013）「日中両国の近代化と郵便主権の確立：外国郵便局に注目して」『郵便史研究』第36号

三須拓也（2017）『コンゴ動乱と国際連合の危機：米国と国連の協働介入史，1960～1963年』ミネルヴァ書房

三牧聖子（2014）『戦争違法化運動の時代：「危機の20年」のアメリカ国際関係思想』名古屋大学出版会

ミラー，J. D. B.（2002）「ノーマン・エンジェルと国際関係における合理性」デーヴィッド・ロング／ピーター・ウィルソン編著〔宮本盛太郎／関静雄監訳〕『危機の20年と思想家たち：戦間期理想主義の再評価』ミネルヴァ書房

村瀬信也（2009）『国連安保理の機能変化』東信堂

最上敏樹（2006）『国際機構論［第2版］』東京大学出版会

最上敏樹（2016）『国際機構論講義』岩波書店

森聡（2023）『国際秩序が揺らぐとき：歴史・理論・国際法からみる変容』

千倉書房

森川幸一（2001）「紛争処理における安保理と ICJ の役割：ロッカービー事件」山本草二・古川照美・松井芳郎編『国際法判例百選（別冊ジュリスト 156 号）』有斐閣

安田佳代（2014）『国際政治のなかの国際保健事業：国際連盟保健機関から世界保健機関，ユニセフへ』ミネルヴァ書房

柳原正治（2022）『帝国日本と不戦条約：外交官が見た国際法の限界と希望』NHK 出版

柳原正治・篠原初枝編（2017）『安達峰一郎：日本の外交官から世界の裁判官へ』東京大学出版会

山影進編（2011）『新しい ASEAN：地域共同体とアジアの中心性を目指して』アジア経済研究所

山田高敬（2017a）「『企業と人権』をめぐる多中心的なガバナンスの試み：ステークホルダー間の知識共有と人権デュー・ディリジェンス規範の形成」西谷真規子編著『国際規範はどう実現されるか：複合化するグローバル・ガバナンスの動態』

山田高敬（2017b）「多中心的グローバル・ガバナンスにおけるオーケストレーションと政策革新：企業と人権をめぐる実験」日本政治学会編『世界経済の変動と政治秩序（年報政治学 2017−Ⅰ）』

山田哲也（2005）「ポスト冷戦期の内戦と国際社会」『国際問題』第 545 号

山田哲也（2010）『国連が創る秩序：領域管理と国際組織法』東京大学出版会

山田哲也（2011）「一方的独立宣言の合法性：コソボ独立宣言事件」小寺彰・森川幸一・西村弓編『国際法判例百選［第 2 版］（別冊ジュリスト 204 号）』有斐閣

山田哲也（2014）「不可視化される国連」遠藤誠治・遠藤乾編『安全保障とは何か（シリーズ日本の安全保障 1）』岩波書店

山田哲也（2016a）「David Mitrany の『機能主義』再考：1943 年の論考を手がかりに」『アカデミア』社会科学編第 10 号

山田哲也（2016b）「戦間期国際法学における国際組織の位置づけ：J. L. Brierly を題材として」『法政研究』第 83 巻第 3 号

山田哲也（2023）「19 世紀国際法における『承認』と『文明』：東アジア諸国による『受容』をめぐる覚え書き」明石欽司・韓相熙編『近代国

際秩序形成と法：普遍化と地域化のはざまで』慶應義塾大学出版会

山室信一（2001）『思想課題としてのアジア：基軸・連鎖・投企』岩波書店

山本慎一（2017）「国際平和活動の潮流と日本の国際平和協力法制：平和安全法制の整備に至る議論を踏まえて」『防衛法研究』第 41 号

山本草二（兼原敦子・森田章夫編）（2016）『国際行政法の存立基盤』有斐閣

山本正・細川道久編著（2014）『コモンウェルスとは何か：ポスト帝国時代のソフトパワー』ミネルヴァ書房

山本吉宣（2001）「安全保障」渡辺昭夫・土山實男編『グローバル・ガヴァナンス：政府なき秩序の模索』東京大学出版会

湯浅剛（2014）「上海協力機構（SCO）：欧米との相克と協調」吉川元・首藤もと子・六鹿茂夫・望月康恵編著『グローバル・ガヴァナンス論』法律文化社

横田喜三郎（1947）『國際聯合の研究』銀座出版社

横田喜三郎（1949）『国際法の基礎理論』有斐閣

ラギー，ジョン・ジェラルド〔小野塚佳光・前田幸男訳〕（2009）『平和を勝ち取る：アメリカはどのように戦後秩序を築いたか』岩波書店

蠟山政道（1928）『國際政治と國際行政』巌松堂書店

蠟山政道（1933）『日本政治動向論』高陽書院

鷲江義勝編著（2009）『リスボン条約による欧州統合の新展開：EU の新基本条約』ミネルヴァ書房

渡部茂己（1997）『国際機構の機能と組織［第 2 版］：新しい世界秩序を構築するために』国際書院

渡部茂己・望月康恵編著（2015）『国際機構論［総合編］』国際書院

Abbott, Kenneth W., Philipp Genschel, Duncan Snidal, and Bernhard Zangl（eds.）（2015）, *International Organizations as Orchestrators*, Cambridge University Press

Bain, William（2003）, *Between Anarchy and Society: Trusteeship and the Obligations of Power*, Oxford University Press

Baji, Tomohito（2021）, *The International Thought of Alfred Zimmern: Classicism, Zionism and the Shadow of Commonwealth*, Palgrave

Macmillan.

Bellamy, Alex J. (2009), *Responsibility to Protect*, Polity Press

Bordin, Fernando Lusa (2019), *The Analogy between States and International Organizations*, Cambridge University Press

Brierly, J. L. (1928), *The Law of Nations* (1st ed.), Oxford University Press

Brierly, J. L. (1947), *The Covenant and the Charter: The Henry Sidgwick Memorial Lecture*, Cambridge University Press

Brierly, J. L. (1949), *The Law of Nations* (4th ed.), Oxford University Press

Brownlie, Ian (1963), *International Law and the Use of Force by States*, Oxford University Press

Bull, Hedley and Adam Watson (eds.) (1984), *The Expansion of International Society*, Oxford University Press

Claude Inis L. Jr. (1964), *Swords into Plowshares: The Problems and Progress of International Organization* (3rd ed.), Random House

Dale, Sir William (1983), *The Modern Commonwealth*, Butterworths

de Wet, Erika (2006), "The International Constitutional Order," *International and Comparative Law Quarterly*, Vol. 55, Issue 1

Farrall, Jeremy Matam (2007), *United Nations Sanctions and the Rule of Law*, Cambridge University Press

Gallagher, John and Ronald Robinson (1953), "The Imperialism of Free Trade," *The Economic History Review*, Vol. 6, No. 1

Glendon, Mary Ann (2001), *A World Made New: Eleanor Roosevelt and the Universal Declaration of Human Rights*, Random House

Gong, Gerrit W. (1984), *The Standard of 'Civilization' in International Society*, Clarendon Press

Hawkins, Darren G., David A. Lake, Daniel L. Nielson, and Michael J. Tierney (eds.) (2006), *Delegation and Agency in International Organizations*, Cambridge University Press

Helman, G. B., and S. R. Ratner (1992-93), "Saving Failed States," *Foreign Policy*, Vol. 89

International Commission on Intervention and State Sovereignty (ICISS)

(2001), *The Responsibility to Protect*, International Development Research Centre

ICJ Reports 1949 (Reparation for Injuries Suffered in the Service of the United Nations)

ICJ Report 1996 (Legality of the Use by a State of Nuclear Weapons in Armed Conflict)

ICJ Reports 2010 (Accordance with International Law of the Unilateral Declaration of Independence in Respect of Kosovo)

Independent International Commission on Kosovo (2000), *The Kosovo Report, Conflict, International Response, Lessons Learned*, Oxford University Press

Kaiga, Sakiko (2021), *Britain and the Intellectual Origins of the League of Nations, 1914–1919*, Cambridge University Press

Karns, Margaret P., Karen A. Mingst and Kendall W. Stiles (2015), *International Organizations: The Politics and Processes of Global Governance* (3rd ed.), Lynne Rienner Publishers

Long, David and Brian C. Schmidt (eds.) (2005), *Imperialism and Internationalism in the Discipline of International Relations*, State University of New York Press

Lorimer, James (1884), *The Institues of the Law of Nations: A Treatise of the Jural Relations of Separate Political Communities*, 2 vols., W. Blackwood and Sons

Miller, David Hunter (1928a, b), *The Drafting of the Covenant Vols. One and Two*, G. P. Putnam's Sons

Mitrany, David (1943), *A Working Peace System: An Argument for the Functional Development of International Organization*, Oxford University Press

Mitrany, David (1975), *The Functional Theory of Politics*, LSE and Martin Robertson

Murphy, Craig N. (1994), *International Organization and Industrial Change: Global Governance since 1850*, Oxford University Press

Pedersen, Susan (2015), *The Guardians: The League of Nations and the Crisis of Empire*, Oxford University Press

Reinalda, Bob (2009), *The History of International Organizations: From 1815 to the Present Day*, Routledge

Reinsch, Paul S. (1911), *Public International Unions: Their Work and Organization*, Ginn and Company

Rosenau, James N. (1992), "Governance, order, and change in world politics," James N. Rosenau and Ernst-Otto Czenmpiel (eds.), *Governance without Government: Order and Change in World Politics*, Cambridge University Press

Russet, Bruce (1998), "A Neo-Kantian Perspective: Democracy, Interdependence and International Organizations in Building Security Communities," Emanuel Adler and Michael Barnett (eds.), *Security Communities*, Cambridge Universtity Press

Schenk, Joep (2021), *The Rhine and European Security in the Long Nineteenth Century: Making Lifelines from Frontlines*, Routledge

Scott, James Brown (ed.) (1917), *The Report to the Hague Conferences of 1899 and 1907*, Oxford University Press

Simma, Bruno, Daniel-Erasmus Khan, Georg Nolte, and Andreas Paulus (eds.) (2012a and b), *The Charter of the United Nations: A Commentary* (3rd ed.), Volumes I and II, Oxford University Press

Smuts, Jan (1918), *League of Nations: A Practical Suggestion*, Hodder and Stoughton

Tournès, Ludovic (2022), *Philanthropic Foundations at the League of Nations: An Americanized League?*, Routledge

UNITAR (2000), *The Nexus between Peacekeeping and Peace-building: Debreifing and Lessons*, Kluwer Law International

Walters, F. P. (1952), *A History of the League of Nations*, Oxford University Press

Weiss, Thomas G., David P. Forsythe, Roger A. Coate and Kelly-Kate Pease (2017), *The United Nations and Changing World Politics* (8th ed.), Westview Press

Woolf, L. S. (1916), *International Government: Two Reports by L.S. Woolf Prepared for the Fabian Research Department*, Brentano's

Yearwood, Peter (1989), "'On the Safe and Right Lines': The Lloyd George

Government and the Origins of the League of Nations, 1916–1918," *The Historical Journal*, Vol. 32, No. 1, pp.131–155

Zimmern, Alfred（1936）, *The League of Nations and the Rule of Law 1918–1935*, Macmillan and Co., Limited

国連加盟国と加盟年

アフリカ		
アルジェリア（1962）	エスワティニ（1968）	ナミビア（1990）
アンゴラ（1976）	**エチオピア**	ニジェール（1960）
ベニン（1960）	ガボン（1960）	ナイジェリア（1960）
ボツワナ（1966）	ガンビア（1965）	ルワンダ（1962）
ブルキナファソ（1960）	ガーナ（1957）	サントメ・プリンシペ（1975）
ブルンジ（1962）	ギニア（1958）	セネガル（1960）
カーボベルデ（1975）	ギニアビサウ（1974）	セーシェル（1976）
カメルーン（1960）	ケニア（1963）	シエラレオネ（1961）
中央アフリカ（1960）	レソト（1966）	ソマリア（1960）
チャド（1960）	**リベリア**	<u>**南アフリカ**</u>
コモロ（1975）	リビア（1955）	南スーダン（2011）
コンゴ共和国（1960）	マダガスカル（1960）	スーダン（1956）
コートジボワール（1960）	マラウイ（1964）	トーゴ（1960）
コンゴ民主共和国（1960）	マリ（1960）	チュニジア（1956）
ジブチ（1977）	モーリタニア（1961）	ウガンダ（1962）
エジプト	モーリシャス（1968）	タンザニア（1961・63）[a]
赤道ギニア（1968）	モロッコ（1956）	ザンビア（1964）
エリトリア（1993）	モザンビーク（1975）	ジンバブエ（1980）

アジア・太平洋		
アフガニスタン（1946）	キルギスタン（1992）	サモア（1976）
バーレーン（1971）	ラオス（1955）	<u>**サウジアラビア**</u>
バングラデシュ（1974）	レバノン	シンガポール（1965）
ブータン（1971）	マレーシア（1957）	ソロモン諸島（1978）
ブルネイ（1984）	モルディブ（1965）	スリランカ（1955）
カンボジア（1955）	マーシャル諸島（1991）	**シリア**
中国	ミクロネシア連邦（1991）	タジキスタン（1992）
キプロス（1960）	モンゴル（1961）	タイ（1946）
北朝鮮（1991）	ミャンマー（1948）	東ティモール（2002）
フィジー（1970）	ナウル（1999）	トンガ（1999）
インド	ネパール（1955）	<u>**トルコ**</u>
<u>インドネシア（1950）</u>	オマーン（1971）	トルクメニスタン（1992）
イラン	パキスタン（1947）	ツバル（2000）
イラク	パラオ（1994）	アラブ首長国連邦（1971）
<u>日本（1956）</u>	パプアニューギニア（1975）	ウズベキスタン（1992）
ヨルダン（1955）	**フィリピン**	バヌアツ（1981）
カザフスタン（1992）	カタール（1971）	ベトナム（1977）
キリバス（1999）	<u>韓国（1991）</u>	イエメン（1947・67）[b]
クウェート（1963）		

東ヨーロッパ		
アルバニア（1955）	エストニア（1991）	モルドバ（1992）

アルメニア（1992）	ジョージア（1992）	ルーマニア（1955）
アゼルバイジャン（1992）	ハンガリー（1955）	ロシア e)
ベラルーシ	ラトビア（1991）	セルビア（2000）c)
ボスニア・ヘルツェゴビナ（1992）c)	リトアニア（1991）	スロバキア（1993）d)
ブルガリア（1955）	モンテネグロ（2006）c)	スロベニア（1992）c)
クロアチア（1992）c)	北マケドニア（1993）c)	ウクライナ
チェコ（1993）d)	ポーランド	

ラテンアメリカ・カリブ海諸国

アンティグア・バーブーダ（1981）	ドミニカ国（1978）	ニカラグア
アルゼンチン	ドミニカ共和国	パナマ
バハマ（1973）	エクアドル	パラグアイ
バルバドス（1966）	エルサルバドル	ペルー
ベリーズ（1981）	グレナダ（1974）	セントキット・ネービス（1983）
ボリビア	グアテマラ	セントルシア（1979）
ブラジル	ガイアナ（1966）	セントビンセント・グレナディン（1980）
チリ	ハイチ	スリナム（1975）
コロンビア	ホンジュラス	トリニダード・トバゴ（1962）
コスタリカ	ジャマイカ（1962）	ウルグアイ
キューバ	メキシコ	ベネズエラ

西ヨーロッパ・その他

アンドラ（1993）	アイスランド（1946）	ノルウェー
オーストラリア	アイルランド（1955）	ポルトガル（1955）
オーストリア（1955）	イスラエル（1949）	サンマリノ（1992）
ベルギー	イタリア（1955）	スペイン（1955）
カナダ	リヒテンシュタイン（1990）	スウェーデン（1946）
デンマーク	ルクセンブルク	スイス（2002）
フィンランド（1955）	マルタ（1964）	トルコ
フランス	モナコ（1993）	イギリス
ドイツ（1973）f)	オランダ	アメリカ
ギリシア	ニュージーランド	

太字は原加盟国（51 カ国）を示す。下線は G20 参加国である（さらに欧州連合〔EU〕が加わる）。

a）タンガニーカ（1961 年加盟）とザンジバル（63 年同）が合邦化した。

b）北イエメン（1947 年加盟）と南イエメン人民共和国（67 年同）が，1990 年に統一された。

c）ユーゴスラビアの分裂・消滅によって新たに誕生した国家が新規加盟した。

d）チェコスロバキアが連邦関係を解消し，それぞれが新規加盟した。

e）国連憲章上は，ソヴィエト社会主義共和国連邦（ソ連）である。

f）ドイツ連邦共和国（西ドイツ）とドイツ民主共和国（東ドイツ）が 1973 年に同時加盟した後，1990 年に統合した。

〔出典〕国連ホームページ（https://www.un.org/dgacm/en/content/regional-groups）を基に筆者作成。なお，ここでのグループ分けは，選挙の際に用いられるもので，一定期間ごとに見直されている。国名の一部は，正式名称ではなく一般に用いられる表現とした。

あとがき

　2018 年 8 月に本書の初版を刊行したところ，多くの方にお読み頂いただけでなく，厳しい批判も受けた。思いがけず第 2 版を刊行できることは，著者として望外の栄である。今回，初版刊行後に出版された書物を中心に近年の研究動向に注意を払い，可能な限り著者自身の新たな問題意識を盛り込むように努めた上で刊行に臨んだが，まだ至らぬ点も多い。改めて読者からのご叱正を俟ちたい。

　初版刊行以降も引き続き国際機構論という講義科目を担当し，それに関わる研究を続ける中で，特定の国際機構について論ずることよりも，国際社会の組織化の過程を辿ること，あるいは，国際機構を巡る各国の認識といったことに関心が移動してきたことを実感する。それは，個人的な意識の変化に加え，近年の学界の動向にも影響されている。その結果，国際機構論に対する自身の理解や認識は，収斂よりも拡散する方向にあると思う。「はしがき」にも記したように，本書では章の構成を見直し，新たに書き下ろした章もある。これらはすべて，この 5 年間の彷徨の結果でもある。

　とりわけ，2019 年 12 月から 3 年余にわたった新型コロナウイルス感染症に伴うさまざまな規制や，2022 年 2 月 24 日のロシアによるウクライナ侵攻など，ここ数年，国際機構の役割を再考せざるを得ない事態に直面した。WHO や国連は無力なのか，それとも何らかの存在価値があるのか。恐らく正解はその中間にあるのだろう。国際機構を批判することも，擁護することもしない。本書では，淡々と国際機構の由来を振り返り，今日の国際社会に国際機構が存在するという事実そのものを記すことに徹したつもりである。国家

は国際機構を通じて外交を行うことも，それを迂回して外交を行うこともできる。国家がなぜ国際機構を設立したか，なぜ国際機構を活用したり無視したりするのか。この問い自身は，国際機構論の範疇を超える。ただ一つ明らかなことは，国際機構は存在し，あるときは活用され，あるときは無視される。その事実を描くことそのものが国際機構論なのではないか。書物はその厚薄短長に関わらず，著者の知的営為の一つの区切りに過ぎない。本書で積み残した点については，引き続き今後の課題としたい。

初版同様，中西寛・京都大学教授には，本書の構想の基点となる図表の転載をご快諾頂いた。記して御礼申し上げる。また，半澤朝彦・明治学院大学教授や井上実佳・東洋学園大学教授と行っている「国連史コロキアム」という研究会は，私にとって国連を中心とした国際機構について立体的に思考する場であり続けている。この研究会では，ここ数年，国連そのものに加え，国際連盟や戦間期の国際関係を題材とした若手研究者の優れた報告が増えている。その多くは外交史・国際関係史の手法によるものであるが，それらを国際機構論として組み替えていくことが私の役割なのかもしれない。

今回も，山田秀樹氏には編集の労をお願いすることになった。本書は，山田氏をはじめとする東京大学出版会のご理解とご配慮の賜物である。なお，本書には，日本学術振興会科学研究費補助金（基盤研究（C），2022～26年度）および2023年度南山大学パッへ研究奨励金 I-A-2 の成果の一部が含まれている。

本書の刊行も妻の支えと理解がなければ実現しなかった。心からの感謝を捧げる。

2023年6月14日　研究室から梅雨晴れを眺めつつ

山 田 哲 也

索 引

著者略歴

1965 年　東京生まれ
1993 年　外務省専門調査員（在英国日本国大使館）
1995 年　国際基督教大学大学院行政学研究科博士後期課程中
　　　　途退学
1996 年　財団法人日本国際問題研究所研究員
2003 年　椙山女学園大学現代マネジメント学部助教授
2008 年　南山大学総合政策学部教授
2010 年　博士（法学）（九州大学）
専　攻　国際法・国際機構論

主要編著書

『平和政策』（共編，有斐閣，2006 年）
『国連が創る秩序――領域管理と国際組織法』（東京大学出版
　会，2010 年）
『国際法からみた領土と日本』（共著，東京大学出版会，2022
　年）
『近代国際秩序形成と法――普遍化と地域化のはざまで』（共
　著，慶應義塾大学出版会，2023 年）

国際機構論入門［第 2 版］

2018 年 8 月 20 日　初　版第 1 刷
2023 年 8 月 25 日　第 2 版第 1 刷

［検印廃止］

著　者　山田哲也

発行所　一般財団法人　東京大学出版会
　　　　代表者　吉見俊哉
　　　　153-0041東京都目黒区駒場4-5-29
　　　　電話 03-6407-1069　Fax 03-6407-1991
　　　　振替 00160-6-59964

組　版　有限会社プログレス
印刷所　株式会社ヒライ
製本所　誠製本株式会社

©2023 Tetsuya Yamada
ISBN 978-4-13-032236-2　Printed in Japan

国連が創る秩序

　山田哲也 著　　　　　　　　　　　Ａ５判　4600 円

国際法からみた領土と日本

　柳原正治＝兼原敦子 編　　　　　　Ａ５判　4800 円

国際連盟と日本外交

　樋口真魚 著　　　　　　　　　　　Ａ５判　5200 円

国際連盟

　帶谷俊輔 著　　　　　　　　　　　Ａ５判　5800 円

グローバル・ガバナンス論講義

　鈴木基史 著　　　　　　　　　　　四六判　2900 円

国際関係論講義

　山影 進 著　　　　　　　　　　　Ａ５判　2800 円

国際法　第 2 版

　岩沢雄司 著　　　　　　　　　　　Ａ５判　4400 円